몰입교실

아이들이 행복한 교실 이야기

몰입교실

아이들이 행복한 교실 이야기

초판 1쇄 인쇄 2019년 12월 20일
초판 1쇄 발행 2019년 12월 26일
지은이 박영민·김창환·최재영·김호영
펴낸이 김승희
펴낸곳 도서출판 살림터

기획 정광일
기획편집 이지안
북디자인 이순민

인쇄·제본 (주)현문
종이 월드페이퍼(주)

주소 서울시 양천구 목동동로 293. 22층 2215-1호
전화 02)3141-6556
팩스 02)3141-6555
출판등록 2008년 3월 18일 제313-1990-12호
이메일 gwang80@hanmail.com
블로그 http//blog.naver.com.dkffk 1020

ISBN 979-11-5930-128-5 03370

이 도서의 국립중앙도서관 출판예정도서목록(CIP)은 서지정보유통지원시스템 홈페이지(http://seoji.nl.go.kr)와
국가자료공동목록시스템(http://www.nl.go.kr/kolisnet)에서 이용하실 수 있습니다. (CIP제어번호: CIP2019051959)

Feedback
평가가
살아있는 교실

Learning
삶과 배움이
중심인 교실

Opportunity
모두에게
기회가 동등한 교실

With us
함께 협동하고
성장하는 교실

몰입교실

아이들이**행**복한**교실**이야기

박영민·김창환·최재영·김호영 지음

살림터

목차

몰입교실,
재미와 의미 두 마리 토끼를 잡다

매일 8,500개가 넘는 의료기관의 의료정보를 업데이트하고, 120만 편이나 되는 의학논문을 읽고, 400만 건이 넘는 제약 특허에 대해 공부하고, 1억 명 가까이 되는 환자 정보와 2억 명 이상의 생체 정보를 바탕으로 병을 진단하는 의사가 있습니다. 바로 IBM의 '왓슨'이라는 인공지능이지요. 또 다른 인공지능 '켄쇼'는 수십억 연봉자 15명이 할 일을 단 5분 만에 처리한다고 합니다.

왓슨과 켄쇼는 사물인터넷, 인공지능으로 대표되는 미래사회가 우리 곁에 성큼 다가왔음을 실감하게 합니다. 전문가들은 앞으로 20년 이내에 우리가 알고 있고, 종사하고 있는 직업들이 47%나 사라지고 새로운 직업이 생겨난다고 합니다. 이렇듯 세상은 빠르게 변하고 있습니다. 우리가 알고 있던 세상의 패러다임이 바뀌고 있습니다.

그런데 학교현장은 어떤가요? 미래의 대한민국을 책임질 아이들을 키우고 있는 학교는 이런 미래사회에 대해 어떤 준비를 하고 있나요? 안타깝게도 우리 교육은 아직 준비가 되어 있지 않은 것 같습니다. 미래를 예측하고 전략을 수립하는 학자들은 우리 교육에 대해 이렇게 말합니다.

"대한민국은 뇌의 모든 부분을 사랑하지 않는다."

암기하고 계산하는 전두엽과 두정엽만을 집중적으로 키우고 있는 우리 교육의 답답한 현실을 꼬집는 표현입니다. 물론 이런 교육도 그동안 나름의 역할을 해왔습니다.

하지만 이제 더 이상 이런 교육으로는 미래사회를 살아갈 우리 아이들에게 아무런 도움을 주지도 못하고, 의미도 없습니다. 도리어 인공지능 시대에 가장 취약한 인간을 길러내고 있다는 극단적인 평가를 받고 있지요. 실제로 수업을 해봐도 이런 암울한 현실과 맞닥뜨리게 됩니다. 종이 울리고 수업이 시작되면 바로 고개를 숙여버리는 아이들, 어떤 의지도 희망도 없이 그저 멍하니 칠판만 바라보고 있는 아이들이 부지기수입니다. 이런 아이들을 매일 만나고 매시간 접하면서 이대로는 안 되겠다는 생각이 들었습니다.

이런 위기의식을 느낀 몇몇이 모였고, 또 그 몇몇이 더 많은 동료를 불러 모아 연구를 시작했습니다. 〈몰입교실연구회〉는 그렇게 시작되었습니다. 우리는 매일 모여 21세기를 살아갈 우리 아이들을 위해 무엇을 해야 할까 논의하고 또 논의했습니다. 그렇게 논의를 거듭하면서 인공지능은 절대 가질 수 없는 인간 고유의 능력에 대해 고민해야 한다는 데에 이르렀습니다.

이 고민을 시작으로 다양한 연구를 진행했습니다. 그리고 마침내 '공감능력'과 '창조적 상상력'이야말로 우리 교육이 가야 할 방향임을 확신하게 되었습니다. 이 책은 이것을 위한 그동안의 연구 성과와 '몰입교실'이라고 명명한 구체적인 수업 사례를 담고 있습니다.

보다 나은 교실환경을 위해, 우리 교육을 위해, 몰입교실을 함께 연구하고 현장에서 실천하며 일상을 보내고 있지만, 그래도 아직은 여전히 하루하루가 살얼음판 위를 걷는 심정입니다. '교육의 최전방은 전남이다'라는 말이 있을 정도로 전남지역의 근무환경이 열악하기도 하고, 그 속에서 수업에서 실패하고 아이들에게 실망하는 날들이 쌓이면서 '이 길이 나의 길이 아닌가?'라는 회의감과 절망감에 좌절도 많이 했습니다. 몰입교실연구회를 만나기 전까지는 그랬습니다.

그러나 몰입교실연구회를 열고 같은 문제를 고민하는 선생님들을 만나 함께 연구하고 토론하면서 조금씩 길을 찾았습니다. 그렇게 하나씩 무엇인가 결과물이 나오는 것도 큰 힘이 되었지만, 무엇보다 힘들 때 괜찮다고 위로해주고 잘하고 있다고 격려해주는 동료가 있어서 여기까지 올 수 있었습니다. 물론 지금도 여전히 어렵고 아슬아슬한 일상이지만, 이젠 희망이 생겼고 매일 도전할 용기가 생겼습니다.

'실패해도 괜찮아!'

이 말이 지금까지 우리를 끌고 온 힘이었습니다. 우리가 이 책을 출간하고자 하는 또 다른 이유 또한 이것을 우리 아이들에게 말하고 싶었기 때문입니다. 우리 아이들에게 새로운 도전 의지라는 문화를 만들어주기 위해, 우리 연구회가 노력한 결과물을 보여주고 무엇이든 해보라고, 도전해보라고 용기와 격려를 하고 싶습니다.

천천히 준비하고 다듬어도 아직 너무 부족하고 부끄러운 책이지만, 의지를 가지고 도전하면 꼭 이룰 수 있다는 의미를 아이들에게 전해줄 수 있어서 한편으로는 뿌듯하기도 합니다.

아이들의 공감능력과 창조적 상상력을 기르기 위해서는 무엇이 필요할까요? 지금도 고민이고 앞으로도 계속 고민해야 할 내용입니다. 이 책에서는 그 답의 하나로 '물리적, 심리적으로 안전한 교실환경'을 만드는 방법과 다양한 놀이와 수업을 통해 공감능력을 기르고, 그런 공감능력을 기반으로 문제를 발견하고 나만의 방식으로 문제를 해결하는 프로젝트 수업으로 창조적 상상력을 키우는 과정을 말하고 있습니다.

또한 이런 과정을 통해 성장한 아이들의 모습을 에듀테크를 기반으로 한 평가를 통해 기록하고 피드백 하는 과정을 담아 보여주고자 했습니다. 우리의 도전이 이 한 권의 책으로 끝나는 것이 아니라 이것을 시작으로 미래사회를 끌어갈 우리 아이들을 위한 다양한 수업연구로 발전했으면 합니다.

아이들이 행복한 교실, 오고 싶은 교실을 꿈꾸는

저자 일동

Feedback
- 평가가 살아있는 교실

요즘 학교현장에서 가장 핫한 테마를 찾으라면 아마도 과정중심평가일 것이다. 평가의 혁신을 통해 수업은 물론 교육과정까지 전반적인 변화를 만들어 가려는 의도가 엿보인다. 거의 매 학기마다 교육청에서 수많은 연수 및 홍보자료가 쏟아지고, 관련 연수도 많은 걸 보면 정책을 만들고 추진하는 교육부가 얼마나 과정중심평가를 중요하게 생각하는지 알 수 있다.

과정중심평가에 대한 오해와 진실

하지만 이런 일련의 노력에도 불구하고 학교현장에서 과정중심평가에 대한 이해와 적용 모습은 교육부의 의도와 차이가 있어 보인다. 그중에서도 가장 큰 오해는 과정중심평가는 반드시 수행평가로만 실시되어야 한다고 생각하는 것이다. 학교에서는 학업성적관리위원회라는 회의를 통해 학교의 평가의 방향과 방침을 결정한다. 그런데 종종 회의를 진행하다보면 지필평가 자체를 거부하는 의견들이 나오곤 한다. 그 근거로 교육청에서 제시한 '평가방법은 논술형 평가를 포함한 다양한 수행평가로 실시한다.'라는 문구 때문이다.

학교현장에서 시행하는 평가는 크게 수행평가와 지필평가로 구분된다. 수행평가는 학생이 학습의 과정에서 수행하는 모습이나 그 결과를 보고 학생의 지식과 기능의 정도를 평가하는 방식이고, 지필평가는 개념이나 이해 정도를 학습지나 시험지를 활용하여 평가하는 방식이다. 하지만 과정중심평가가 학습과정에 대한 평가를 중요하게 다루는 바람에 과정중심평가는 곧 수행평가라는 오해를 만들어버렸다. 즉 지필평가는 과정을 평가하는 것이 아니라 결과를 평가하는 잘못된 평가방법이라는 인식을 만들어버린 것이다. 학생에게 필요한 정보를 수집하고 올바른 피드백을 제공하는 것이 목적인 과정중심평가에서 이 목적을 이루기 위한 방법이라면 수행평가와 지필평가의 구분 없이 다양한 평가방법이 사용되어야 한다.

우리 반이 6학년이라고 해서 학생들 모두 6학년 수준인 건 아니다. 5학년 수준인 아이도 있고, 4학년 수준인 아이도 있으며 심지어 3학년 수준에 머물러 있는 아이들도 가끔 만나곤 한다. 이렇게 다양한 학생들이 존재하는 교실에서 정말로 도움이 필요한 아이에게 도움을 주려면 교사와 학생의 끊임없는 상호작용이 필요하다.

그러나 실제 학교현장은 그럴 수 있는 환경이 안 된다. 교사들은 수업의 대부분의 시간을 주로 칠판 주변에서 판서와 강의를 하며 보낸다. 진도의 압박 때문이다. 실제로 도움을 받아야 할 아이들은 판서의 내용을 이해하지 못하고 있다. 교사도 이러한 사실을 알고 있다. 하지만 진도의 압박 때문에 어찌할 도리가 없다. 학생들의 입장도 크게 다르지 않다. 자신이 이해하지 못한다고 해서 손을 들어 다시 한 번 설명해 달라고 이야기할 수 있는 아이들이 교실에 몇이나 있겠는가?

우리나라 학교 수업은 선형적 구조로 되어 있다. 지난 학년 또는 지난 학기 내용을 이해하지 못하면 다음 내용을 이해하기 어려운 구조로 되어 있다는 뜻이다. 이런 선형적 구조의 수업을 보완해야 지금과 같은 교실 문제를 해결할 수 있다. 즉, 선형적 구조의 학습내용을 비선형 구조로 해체하는 작업이 필요하다는 뜻이다. 이때 필요한 것이 플랫폼과 영상자료이다. 교사가 플랫폼을 구축하고 그 안에 배움과 연관된 영상자료을 제시하여 그전 학기 또는 전 차시를 이해하지 못한 학생들에게 자유롭게 자료에 접근하여 자신의 속도에 맞게 멈추고 돌려볼 수 있게 만들어주는 것이 필요하다. 이렇게 되면 교사 역시 수업 시간에 학생들과 끊임없이 상호작용할 수 있는 시간적 여유를 확보할 수 있다.

수학수업을 예로 들어 살펴보자. 일반적으로 단원이 끝나면 학업성취도 평가를 본다. 이 학업성취도 평가에서 0점을 맞은 '하' 수준의 학생들이 있다고 가정하면 기존의 결과중심의 평가에서는 이 학생들은 그냥 '하' 수준으로 분류되어 남아서 보충학습을 해야 하는 아이들로 인식된다. 그러나 '하' 수준의 학생들이라고 해도 그 원인은 너무 다양하다. 어떤 학생은 개념을 잘못 이해하고 있을 수 있고, 어떤 학생은 이전 차시의 개념 자체가 형성되지 않은 상태일 수 있다. 다시 말해서 학생을 제대로 평가하고 성장을 돕기 위해서는 관찰을 통해 학생 개별의 정보를 바르게 수집하고 해석하는 시간이 필요하다.

수업의 성패는 관찰한 시간에 비례한다는 말이 있다. 평가도 역시 마찬가지이다. 교사가 얼마나 관심을 가지고 지켜보았느냐에 따라 학생 한 명 한 명에 대한 정보가 모아지고 그 학생에 대한 바른 해석이 가능하다. 그것이 바로 수업에서 이루어지는 끊임없는 상호작용의 모습이다.

그렇다면 이런 끊임없는 상호작용이 의미하는 바는 무엇일까? 기존 교실 평가의 모습을 한번 되돌아보자. 학생들은 한 줄로 책상 줄을 맞추고 개인당 적당한 거리를 두고 준비를 한다. 교사는 미리 준비한 평가지를 학생들에게 나누어주고 뒤로 뒤집어 놓고 준비하라고 이야기한다. 타이머를 맞추고 시험 시작 신호와 함께 평가가 시작되고 학생들은 제한된 시간 안에 최대한 많은 문제를 해결하기 위해 머리를 쥐어짠다. 그러던 중 한 학생이 교사에게 질문을 한다.

"선생님 제가 분명히 분수의 나눗셈을 알고 있는데요, 갑자기 헷갈려서요. 제가 푸는 거 한번 봐주실 수 있나요?"
"무슨 말도 안 되는 소릴 하는 거야? 지금 시험시간이야. 혼자 힘으로 해결하고 그 결과에 대해서도 혼자 책임지는 거지."

학생의 성장을 목적으로 하는 과정중심평가

기존의 평가는 결과를 중시하고 학생들의 비교가 중요한 목적이었다. 그렇기 때문에 동일조건에서 평가하고 서로 경쟁하는 것이 당연했다. 하지만 과정중심평가는 그 목적이 완전히 다르다. 서로 경쟁하고 비교하기 위한 것이 아니라 학생 한 명 한 명의 성장에 목적을 둔다.

그렇다면 현재 교실의 평가 모습은 어떨까? 학생들은 둥그렇게 원을 만들어 서로 바라보며 앉아있고 선생님은 미리 준비한 평가지를 구글 클래스룸에 업로드한다. 학생들은 자유롭게 접근하여 평가를 진행하고 의문이 드는 내용을 친구들 또는 교사에게 질문한다.

"선생님 제가 분명히 분수의 나눗셈을 알고 있는데요, 갑자기 헷갈려서요. 제가 푸는 거 한번 봐주실 수 있나요?"
"오케이, 당연하지. 자, 그럼 선생님이 과정을 볼 수 있게 배움노트에 천천히 풀어볼래? 아하, 분수의 나눗셈과 곱셈의 개념에 대해 혼동하고 있구나!"

만약 기존의 방식대로 교사의 도움 없이 평가가 마무리되었다고 했을 때 그 학생이 어떤 부분을 이해하지 못하는지 교사가 알 수 있을까? 진정한 평가란, 교사와 학생의 상호작용을 통해 교사가 협력자 역할을 함으로써 학생의 성장에 방해가 되는 요소를 제거하는 과정이다. 그리고 그 과정을 통해 교사는 학생의 실제적인 능력을 평가하고 해석하게 된다. 또한 이런 해석을 통해 피드백 계획을 세우고 더 많은 성장을 위한 계획을 세우게 된다. 이 모든 과정이 학생의 성장을 위한 과정중심평가라고 할 수 있다.

이런 과정중심평가가 현장에 바르게 안착하기 위해서는 교사에게 충분한 여유와 시간이 필요하다. 우리가 에듀테크를 통한 평가를 연구하는 가장 큰 이유이기도 하다.

과정중심평가는 학생들의 성장을 돕는데 도움이 될까? 대답은 '그렇다'이다. 학생의 학습과정과 결과를 종합적으로 판단해 학생 개개인에게 학습을 보완할 수 있는 기회를 제공하고 피드백함으로써 성장과 발달을 도울 수 있기 때문이다. 교사는 지속적으로 관찰된 이런 변화를 성장기록부에 기록하고, 그 종합적인 내용을 학교 생활기록부에 기록한다. 그리고 무엇보다 중요한 것이 이런 평가에 대한 학생들의 반응이다. 대부분의 학생들은 평가가 부담스럽지 않고 수업의 일부분처럼 느껴지기 때문에 편안하다고 반응한다. 또한 어려워하는 친구를 도와주거나 선생님과 함께 문제를 해결하는 과정에서 재미를 느끼는 학생들도 많다. 대부분 이렇게 긍정적으로 반응하지만, 몇몇 학부모는 혹시 아이들의 성적이 떨어지는 건 아닌지, 공부를 등한시하게 되는 건 아닌지 걱정하는 시선이 있는 것도 사실이다. 이런 우려 또한 당연한 현상이라고 생각한다.

과정보다는 결과를 중시하는 문화

　여기서 한번 깊게 생각해 보아야 할 질문이 있다. 우리는 왜 시험을 보고 문제를 풀까? 개개인마다 다양한 이유로 시험을 보고 문제를 푼다. 더 나은 성적을 받으려고 문제를 푸는 아이도 있고, 학교 과제라서 억지로 하는 아이들도 있고, 그냥 기계처럼 습관적으로 푸는 아이들도 있다. 하지만 학생들에게 문제를 풀게 하는 가장 큰 이유는 메타인지 때문이다. 메타인지란, 내가 진짜로 아는 것과 모르는 것을 구분할 수 있는 인지 위의 인지라고 한다. 문제풀이만큼 내가 아는 것과 모르는 것을 확실히 확인하는 방법은 없다는 것이다. 많은 학생들이 자신들이 들었던 강의는 전부 알고 있다고 착각하는 경우가 있다. 그런데 실제로 문제를 풀고 설명하라고 하면 진짜로 이해한 학생들과 제대로 이해하지 못한 학생들로 쉽게 구분된다.

　여기서 잠깐 문제풀이를 하는 교실 안으로 들어가 보자. 수업을 마무리 하는 단계에서 교사가 제시한 문제 10개를 아무런 고민 없이 한 번에 다 풀고 다 맞았다면 그 수업은 그 학생에게 어떤 의미일까? 그저 자신이 알고 있는 10개의 내용이 무엇인지 확인하는 시간에 지나지 않았을 뿐이다. 오히려 아는 것을 확인하기 위해 내 시간과 에너지를 낭비한 거라고 생각할 수도 있다. 실제로 교실에서 이런 현상은 자주 목격된다. 특히 중위권 학생들은 자기가 풀 수 있는 문제, 충분히 쉬운 문제에만 도전하는 경우를 종종 본다. 그리고 자신있게 동그라미를 치며 스스로 안도하곤 한다. 그러면 교사나 부모는 동그라미로 가득한 학습지를 보며 그저 그 아이가 공부 잘하는 아이인 줄 안다. 이런 학생들의 특징 중 하나가 스스로 해결하지 못하는 어려운 문제는 뒤에 있는 해답을 보면서 '아, 이렇게 푸는 거구나.'라고 답을 적고는 역시 맞다고 표시한다는 것이다. 그래야 자신도, 선생님과 부모님도 안심시킬 수 있기 때문이다.

그러나 문제는 시간이 지나면서 발생한다. 동그라미를 친 바로 다음 날에는 내가 스스로 푼 문제와 해답을 보고 동그라미를 친 문제를 구별할 수 있지만 시간이 지나 그 다음날 또 다음날이 되면 이제 슬슬 구별하지 못하게 된다. 그렇게 한 달이 지나면 실제로 내가 무엇을 알고 있는지 스스로 판단하지 못하는 실정에 이른다. 왜 학생들은 이렇게 동그라미를 치는 것에 집착하는 것일까? 여러 가지 이유가 있겠지만 가장 결정적인 이유는 우리 사회가 아직도 결과에 집중하는 문화를 가지고 있기 때문이다. 과정중심평가를 전면에 내세워 운영하고 있지만 현장에 뿌리내리는데 가장 큰 걸림돌은 바로 이 결과중심의 문화이다.

에듀테크가 필요한 이유

관점의 전환이 필요한 시기이다. 선생님의 입장에서 보면 시험지의 수많은 동그라미 보다는 가위표가 학생들에게 더 도움이 될 수 있다. 학생들이 모르는 것을 알려주기 때문이다. 그렇기 때문에 문제를 틀리면 부끄러워하거나 실망하기보다 새로운 기회로 삼게 해야 한다. 교사가 도와줄 수 있는 지점을 발견했기 때문이며 학생들의 성장을 이끌 수 있는 발판을 마련했다는 뜻이기도 하다. 이런 문화를 만들어야 하고 정착되어야 한다.

그래서 교사의 의식전환이 필요하다. 학생들이 문제를 틀렸을 때 실망하거나 혼내지 않고, 한 단계 성장하기 위한 힌트를 교사에게 제공하고 있다고 생각해보자. 그리고 틀린 문제에 엑스 표시를 하기 보다는 별표나 하트를 그려주어 학생들로 하여금 틀린 문제를 대하는 자세를 변화시켜주면 어떨까? 또 하나, 학생들에게 스스로 평가지를 선택할 수 있는 선택권을 주는 것이다. 상중하 문제가 고정되어 있는 동일한 평가지를 받아서 문제를 풀다보면 성적에 따라 위계가 생기고 서열이 발생한다. 그래서 틀린 문제를 부끄럽게 생각하고 나의 성취도가 낮은걸 가리려고 한다. 하지만 다양한 수준의 평가지를 제공하여 자신의 수준에 맞게 선택하여 평가를 진행하다 보면 작은 성취의 기쁨을 느끼게 되고 자신의 성장을 스스로 알수 있게 된다.

마지막으로 과정중심평가는 평상시 학생의 발달과정을 주의깊게 살펴보고 피드백을 통해 도움을 줌으로써 학생이 스스로 자기관리를 하고 자기주도적 학습을 하도록 습관을 만드는 과정이라고 할 수 있다. 다시 말하지만 이를 위해서 반드시 필요한 요소는 바로 상호작용할 수 있는 충분한 시간이 확보되어야 한다는 점이다. 바로 그 지점이 수업과 평가에 에듀테크가 필요한 이유다.

Learning
- 삶과 배움이 중심인 교실

삶과 배움이 중심인 교실에 대해 이야기하려면 그렇지 않은 교실에 대해 이야기하는 것이 먼저일 것 같다. 사실 그렇지 않은 교실을 묘사하기란 그리 어려운 일이 아니다. 초임부터 몰입교실을 알기 전까지의 나의 교실이 그랬으니까. 전남의 많은 학교들이 그러하듯 나는 초임부터 7년간을 10명 내외의 학생들이 한 반인 소인수 학급을 맡았다. 아침에 출근하면 업무를 확인했고, 오늘 할 수업 내용을 확인했으며, 수업 시간에는 열정적으로 아이들을 가르쳤다. 아이들에게 가르칠 내용도 많았고, 알려주고 싶은 마음과 열정도 컸다. 매 시간 나는 열심히 수업했고 아이들은 내 생각보다 잘 따라주었던 것 같다. 사실 학생 수가 적어서 수업 시간에 다른 짓을 할 수 없었던 것인지도 모른다. 어쨌든 겉으로 보기에, 내가 생각하기에 나의 교실은 별 문제가 없어보였다.

플립러닝, 새로운 수업에 눈뜨다

그러다 1급 정교사 연수를 받게 되면서 '플립러닝'을 알게 되었다. 이 교실을 알게 되면서 나의 세계는 흔들리기 시작했다. 지금까지 내가 해온 수업은 과연 아이들에게 얼마나 전달되었을까? 아이들은 나의 수업에서 무엇을 배웠을까? 나의 수업에서 배운 내용으로 아이들은 앞으로 어떻게 살아가게 될까? 라는 의문을 던지게 했다. 플립러닝은 요즘 현장에서 많이 알려져 있고 참여하는 교사들도 많은 것으로 안다. 하지만 그때의 나에게는 매우 생소한, 파격적인 수업이었다. 이 수업을 소개받는 순간, 내 마음 속에서는 "이거다!"란 외침이 울렸다.

나이가 많지 않으니 초임부터 지금까지 1학년을 맡았던 1년을 제외하고는 거의 고학년 담임을 맡았다. 고학년이니 단위 차시에 공부해야 할 내용이 많았다. 40분 안에 내가 가르쳐야 할 것을 다 설명하는 것이 쉽지 않았다. 그렇기 때문에 더 열심히 설명했다. 그 시간 안에 다 이해시켜야 한다고 생각했다. 이런 문제는 사회시간, 특히 역사시간이 되면 더 심해졌다. 40분밖에 되지 않는 수업 시간에 굵직굵직한 역사적 사건들이 두세 개는 들어있다. 병자호란 이후, 신미양요, 병인양요를 비롯하여 강화도조약과 흥선대원군의 정책은 모두 한 차시 분량의 수업이다. 이것을 사건의 인과관계를 생각해서 내용만 설명을 하더라도 40분은 길지 않은 시간이다. 그러니 수업 시간에 사건을 설명하는 것 이외에 역사적인 사고를 하거나 상상력을 키워주는 것 따위는 생각할 수 없었다.

올해 6학년 사회교과서에는 4·19가 한 차시, 5·18이 한 차시로 구성되어 있다. 두 사건의 시간적 간격은 20년이지만 두 사건이 같은 연도에 일어났다고 생각하는 아이들도 많이 있다. 왜일까? 두 사건 사이에 일어났던 작은 흐름들을 교과서에서는 다루고 있지 않기 때문이다. 당장 2학기

부터 플립러닝을 적용하기 시작했다.

몰입교실에 참여하여 다양한 수업을 만나고 경험하면서 알게 된 나의 가장 큰 장점은 '일단 시도해보는' 것이다. 실패가 두렵지 않은 사람이 어디 있겠는가? 그렇지만 나는 수업연구를 하면 꼭 이틀 안에 한두 가지는 시도해보았다. 그러면 그것이 나와 우리 반 학생들한테 맞는 활동인지 아닌지 금방 판가름이 난다. 그런데 처음 플립러닝을 시작할 때는 방학 한 달간 너무 많은 것을 배운 것 같다. 2학기에 너무 많은 것을 시도했고, 결과적으로 완전 망하고 탈이 났다. 그래서 제대로 적용하기 위해 관련 연수와 연구에 참여하기 시작했다. 몰입교실은 그러다 만나게 되었다. 나와 같은 상황에 맞닥뜨린 동료교사들, 아이들에게 제대로 배움을 전해주고 싶은 선생님들이 모여 연구했다. 플립러닝을 기반으로 했지만, 다양한 다른 활동을 배우고 연구하고 서로 교류하는 자리가 되었다.

삶과 배움이 있는 교실

삶과 배움이 있는 교실의 시작은 그랬다. 다양한 학습 방법을 배우고 싶었다. 그것이 내 수업을 채우는 길이라고 생각했다. 그런데 조금은 달라진 것들이 보인다. 교사이기 때문에 사실 수업에서 얻는 만족감은 매우 크다. 수업이 내 의도대로 되었을 때의 만족감을 무엇에 비할 수 있으랴.

하지만 그것이 전부가 아니었다. 교사와 학생의 관계형성이 잘 되었을 때 얻어지는 것들, 생활지도의 어려움으로 인한 좌절과 다시 시작할 수 있는 용기, 선배교사의 경험담과 조언, 이런 것들이 복합적으로 교직 생활의 에너지가 되어주고 힐링이 되었다. 혼자 걷는 길이 아니구나, 나만 이런 문턱을 넘어가는 것이 아니구나 하는 마음. 그리고 항상 학생들의 삶과 배움에 조금이라도 도움이 되려는 우리들의 노력이 헛되지 않구나 하는 사례담 같은 것들이 마음속에 담기기 시작했다.

조금은 과장이 섞인 이야기겠지만, 요즘 아이들은 세 살만 되면 핸드폰에서 화면을 넘기고 원하는 동영상을 찾을 수 있고, 초등학생 정도만 되면 영상을 제작하고 편집하는 것쯤은 우습게 할 수 있다. 이런 아이들에게 지금 우리의 수업은 얼마나 따분하고 재미없을까….

학생들에게 배움은 언제 일어날까? 배움은 수업 내용이 학생들과 관련이 있고, 교사의 수업설계와 의도를 기반으로 하여 학생이 자신의 생각을 만들며 자신의 삶과 유의미한 관계가 있을 때 자발적으로 일어난다고 한다. 매우 어려운 말이다. 다시 말하면 교사는 의도를 가지고 수업을 계획하며, 이때 가르치는 내용은 학생들과 관련이 있어야 한다. 따라서 우리가 가르치는 내용을 학생들과 연결시켜 주는 것이 매우 중요하다. 또한 이 수업 내용을 가지고 학생들은 스스로 생각을 구성하고, 그 과정에서 역량을 신장시켜야 한다. 역량은 학생의 삶 속에서 실제적으로 무엇인가를 알고 실행할 수 있는 능력이다. 역량은 학습을 통해 습득한 인지적 능력, 실행 능력, 정의적 능력을 포함하는 총체적인 능력인 것이다. 학생의 성장은 배움의 경험을 통해 일어난다. 그렇다면 이제 에듀테크를 통해 넘겨받은 온전한 40분의 수업 시간을 배움이 일어나는 시간으로 채우는 것이 교사의 과제로 남는다.

삶과 연결된 수업 활동과 몰입

학습효율성에서 가장 떨어지는 것이 강의 듣기이다. 학생들이 수업에 몰입하게 하려면 되도록 강의를 줄이고 활동이 중심이 되는 수업을 구상하는 것이 좋다. 학생들의 활동은 수업 내용에 따라 다양하게 구상할 수 있다. 글을 쓸 수도 있고, 프로젝트 활동을 할 수도 있고, 놀이나 게임을 할 수도 있으며, 연극을 하거나 그림을 그릴 수도 있다. 어떠한 활동을 하든 수업 시간에 학생들이 가만히 앉아서 듣는 수동적인 역할이 아니라 배움의 주체가 되어 활동하게 해야 한다. 여기서 주의할 점은 활동이 그냥 재미로 끝나지 않도록 교사는 의도를 가지고 수업을 설계해야 하며, 이 활동들은 학생의 삶에 연결되어야 한다. 학생들의 삶에 더 가까이 갈수록 학생들은 활동이 아닌 배움에 몰입하게 되는 것이다.

예를 들어보면, 우리 반은 요즘 인권에 대해 공부하고 있다. 인권이 무엇인지 미리 강의를 보고 온 학생들은 교실에서 모둠토의를 통해 인권이 무시되고 있는 학교의 사례들을 찾는다. 이는 학생들의 생활에 밀접하게 연결되어 있고, 자신에게 직접적인 문제이므로 집중하여 사례를 탐구한다. 그러고는 여기서 끝나지 않고 이런 사례들을 해결할 수 있는 방법을 탐구한다. 인권 존중을 위한 홍보영상을 만들기로 한 모둠은 각자 역할을 나누어 영상을 촬영하고 편집하여 하나의 작품을 생산해낸다. 그리고 그것을 공유하여 다른 친구들의 피드백을 받기도 한다. 미래사회에서 단순한 소비자가 아닌 생산자로서의 역할까지 함께하고 있는 셈이다. 또 다른 모둠은 포스터를 그려 자신의 생각을 전달한다. 또 다른 모둠은 교장선생님께 놀이시설을 개선해 달라는 건의의 편지를 쓰기도 한다. 배움은 이렇게 자신과 자신 주변의 환경과 상호작용을 하며 일어난다.

또 다른 예로, 개인적인 학습력의 차이가 심한 수학시간에는 미리 영상을 보고 개념을 학습해온다. 수업 시간에는 수학익힘책을 해결하고 짝끼리 답안을 토의한다. 이 과정을 통해 스스로 틀린 부분을 찾는 메타인지가 발생하며, 문제해결방법을 이야기하면서 수학적 의사소통능력이 향상된다. 친구에게 설명하는 방식은 학습효율이 높다고 검증된 방식이다. 단순히 교사의 강의를 듣고 문제를 푸는 방식보다 장기기억으로 파지되는 효과를 높인다. 요즘 하브루타가 인기를 끌고 있는 이유이기도 하다.

처음부터 이 모든 것을 혼자 해낼 수는 없다. 때로는 다른 선생님의 사례도 참고하고 연구하며 많은 시행착오를 거쳐야 한다. 이런 힘든 과정을 줄여 더 많은 교실들을 삶과 배움이 중심이 된 교실로 만들기 위해 많은 교사연구회가 있다. 어느 한 가지 방식이 정답이라고 말할 수 없다. 다만 빠르게 변화하는 현대 사회에서 교사 역시 이런 변화에 맞춰 수업을 구성하기 위해 노력해야 한다는 것을 강조하고 싶다.

Opportunity
- 모두에게 기회가 동등한 교실

    우리나라 헌법에는 모든 사람은 인간답게 살아가야 할 권리가 있고, 그 안에는 '교육받을 권리' 또한 존재한다. 이를 위해 국가에서는 의무, 무상교육을 실시하고, 지리적, 사회적 제약을 극복하기 위해 노력하고 있다. 교육의 질 관리를 위해 국가수준 교육과정을 만들고, 각 교과의 성취기준을 제시하며, 이에 맞는 교과서와 교사용 지도서를 현장에 보급하고 있다. 그리고 각 교실에서는 연간 시수에 맞게 교과진도표를 세워 수업을 진행한다.

다양한 학습 환경과 학력 격차

    하지만 이런 교육현장의 모습이 언제나 우리가 꿈꾸는 이상적인 모습을 보여주는 것은 아니다. 동전의 양면처럼 장점과 단점이 있다, 장점은 앞서 언급한대로 어느 지역, 어느 학교에서든 교육의 질적 유지를 담보할 수 있으며, 각 교과의 전문가들이 개발한 교육과정, 교과서 등을 통해 양질의 교육을 제공한다는 점이다. 그러나 각기 다른 학습 속도를 지닌 학생들에게 같은 내용을 제공하기 때문에 수준별 수업을 하는데 어려움이 있다. 또 교과서 이론에 치우치다보면 실생활에 필요한 '역량'을 키워낼 수 있는 수업을 하는데 제약이 생긴다. 그리고 이러한 장단점은 지역, 문화, 학생들의 특성에 따라 다르게 나타나곤 한다. 학생들의 기본학력수준이 높은, 소위 학군이 좋은 곳에서는 장점이 부각될 수 있지만, 학생들의 수준이 다양하고, 지리적, 사회적 환경이 좋지 않은 학교에서는 단점이 더 부각될 수밖에 없다.

우리가 근무하고 있는 지역은 지리적, 사회적 환경이 다양한데다 학생들의 수준 역시 천차만별이다. 어떤 교실은 신도시에 위치한 전교생이 1,000명이 넘는 학교에 속해 있고, 학생수가 30명이며 학습 수준도 높은 편이다. 다른 교실은 배를 타고 1~2시간을 들어가야 하는 섬에 위치하고, 전교생이 50명도 안 되는 학교에 속해 있으며, 한 학급에 학생수가 3명이고 학습 수준도 모두 다르다. 우리 지역에서는 국가수준 교육과정 중심으로 교실을 운영하면 많은 한계에 부딪힐 수밖에 없다.

모두에게 기회가 동등한 교실

"과연 우리 교실에서는 학생들에게 동등한 기회가 주어지고 있을까?"

똑같은 교육내용을 똑같은 시간에 전달했다고 해서 학생들에게 동등한 기회가 주어진 것은 아니다. 분명 같은 내용을 같은 시간에 가르쳤지만 학생들이 그 내용을 받아들이는 것이 극과 극일 경우 교사로서 깊은 자괴감에 빠지기도 한다.

이를 극복하기 위해 필요한 개념이 바로 '몰입(FLOW)'이다. 학생들이 자신의 수준과 속도에 맞는 과제를 해결하면서 아무 잡념 없이 몰두할 수 있는 '몰입'의 수업환경을 만들어 준다면 '모두에게 기회가 동등한 교실'을 만들 수 있다. 이를 위해 교실은 학생들에게 매일 오고 싶은 행복한 공간, 어떤 도전과 실패를 해도 안전한 공간으로 인식이 되어야 한다. 뒤에서 언급할 놀이수업, 질문수업, 프로젝트 수업, 에듀테크 등이 교실을 이러한 공간을 만드는데 큰 도움이 될 수 있다.

With us
- 함께 협동하고 성장하는 교실

교실에는 다양한 아이들이 있다. 차분한 아이, 활발하게 뛰노는 아이, 남들보다 조금 느린 아이, 한 분야에 특출난 재능을 가진 아이, 평범하고 소극적인 아이…. 교사는 이런 아이들의 정체성을 파악하고 존중하며 지도한다. 교사는 아이의 다름을 인정하고 지도할 수 있지만, 아이들은 자신과 다른 것에 대해 이질감을 느끼는 경우가 많다. 초등학생은 동질성으로 뭉치는 또래집단의 영향을 많이 받는 시기여서 이질감을 쉽게 느끼는 편이다. 그 이질감이 커지면 아이들 간 갈등으로도 이어진다. 나와 같다는 동질성에서 오는 유대감도 중요하지만, 서로의 차이를 인지하고 인정하는 것도 중요하다.

개인의 능력보다는 팀의 능력이 중요

미래사회에서는 개인의 능력보다는 여러 명이 모인 팀의 능력에 주목한다. 팀은 어떤 과업을 수행하기 위해 같은 목표로 모인 사람들의 집단이다. 팀에 속한 사람들은 서로의 능력과 특성에 대한 이해를 바탕으로 협업한다. 그 과정에서 팀원끼리 소통하고 서로의 차이를 인정하며 잘하는 분야를 고려해 분업하거나, 같이 프로젝트를 계획하며 창의적인 아이디어를 많이 생성한다. 혼자 생각하거나 작업했을 때 보이지 않던 부분을 팀원들이 찾아주거나 조언해주며 개인의 한계를 팀이라는 집단으로 극복하는 것이다. 팀이 원활하게 돌아가기 위해서는 팀원들의 협동과 믿음이 필요하다. 협동과 믿음의 우선 전제 조건은 팀원이 가진 능력과 특성을 이해하고, 나와 다른 점을 존중하는 것이다. 만약 팀원의 다름을 고려하지 않는다면, 나와 팀원의 말과 행동에서의 사소한 차이가 의사소통의 걸림돌이 될 수 있다.

협동과 성취감을 높이는 프로젝트 수업

나와 타인의 차이를 이해를 전제로 하는 팀 수행을 아이들에게 적용하려면 어떻게 하는 것이 좋을까? 프로젝트 수업(PBL)은 이것의 해답이될 수 있다. 프로젝트 수업은, 여러 명이 모여 같은 목표를 정하고, 서로협동하며 프로젝트 과정을 수행하고, 산출물을 만들어내면서 성취감을맛보게 하는 수업이다.

그러나 실제 교실에서는 진도에 치이고 학생수가 많아 프로젝트 수업을 진행하기가 만만치 않다. 더구나 교실에는 다양한 아이들이 있다. 교사가 설명하는 것이 이해가 안 되면 바로 질문을 하는 아이도 있지만, 반대로 이해가 안 됐는데도 질문하는 것이 부끄러워 가만히 있는 아이도 있다. 이런 아이들 같은 경우, 교사가 일일이 확인하지 않으면 학습의 결손이 누적되게 된다.

이를 극복하기 위해 강의식 수업이 아닌 배움 중심 수업으로 접근하는 것이 필요하다. 교사 중심이 아닌 학생 중심으로 스스로 배움과 관련된 활동을 하며 배움의 의미를 깨닫는 것이다. 이 과정에서 교사-학생 간 배움과 학생-학생 간 배움도 일어난다. 학생 간 배움은 또래 교수법으로 볼 수 있는데, 이는 학생들 간 의사소통 기술과 사회적 기술의 향상을 가져오며, 개별화 수준을 높여서 교사는 더욱 신속하고 구체적인 피드백을 제공할 수 있다. 그리고 배움이 일어나는 과정에서 도와주는 학생도 학습한 내용에 대해 반성적 점검(메타인지)을 경험하게 되고, 두 학생 모두 학습 내용에 대한 이해 수준을 높일 수 있다. 이러한 학생 간 배움은 교실의 분위기를 협력적인 분위기로 구성하는 발판이 되어 프로젝트 수업을 비롯한 여러 학생중심 수업을 원활하게 할 수 있도록 도와준다.

협동, 교실의 윤활유

백짓장도 맞들면 낫다는 속담이 있다. 아무리 쉬운 일이라도 여러 명이 협동하는 것이 더 좋은 결과를 가져온다는 뜻이다. 실제로 어떤 일을 혼자 하는 것보다 여럿이 하는 것이 효율이 좋은 경우가 많다. 사람마다 잘하고 좋아하는 것, 못하고 싫어하는 것이 다 다르다. 그러기에 주어진 일에 대한 사람마다의 능률도 달라진다. 좋아하는 일을 하는 사람은 금방 해낼 것이고, 싫어하는 일이 주어진다면 겨우겨우 참아가며 해낼 것이다.

사람의 능력 차이를 메워주고 완화시켜 주는 것이 바로 협동이다.

실제 예를 들어보자. 우리 반에서 프로젝트 활동 중 하나로 동물의 특징을 활용한 로봇을 설계하고 조립하는 활동을 한 적이 있었다. 모둠끼리 하나의 로봇을 만드는 것이었는데, 대부분의 남자아이들은 꼼꼼하게 로봇을 설계하는 것을 어려워하지만, 로봇 조립이나 작동에는 자신감 있게 해냈다. 여자아이들은 동물의 특징을 담아 로봇을 성의껏 설계하는 것과 로봇에 대해 설명하는 것을 잘해내고, 로봇 조립과 작동은 남자아이들의 도움을 받아 같이하는 모습을 보였다. 모든 모둠들이 그렇게 한 것은 아니지만, 말하지 않아도 아이들이 스스로 친구들이 잘하는 것, 내가 잘하는 것을 판별하여 역할을 나눠서 과업을 수행하였다. 동물의 특징을 로봇에 어떻게 담아낼까? 라는 문제에 여럿이 함께 고민해 창의적인 아이디어를 산출해내며 각자의 특성에 맞게 효율적으로 수행한 과정이 활동 내내 잘 드러났다. 만약 혼자서 로봇을 설계하고 설명하라고 했다면 로봇을 어려워하는 학생은 흥미도 없어서 2시간을 줘도 다 못했을 것이다.

우리는 협동을 교실의 윤활유라고 생각한다. 협동하는 분위기가 교실 내에 조성된다면 아이들이 개인보다는 모둠, 반 전체를 우선시하게 되며, 경쟁보다는 화합을 추구하게 된다. 수학수업을 예로 들어 설명하자면, 교사는 아이들의 성취도를 확인하기 위해 평가를 실시한다. 평가의 방법은 다양하지만, 수학은 단원 평가와 같이 문제를 풀어내는 식의 방법을 주로 사용하게 된다. 이 과정에서 성취도가 떨어지는 학생이 나타나면 2차, 3차 도달을 위해 피드백 및 보충 지도를 제공하고 재확인을 한다. 우리 반은 '거꾸로교실'을 적용해서 집에서 디딤영상을 시청하고 공부한 다음, 학교에 와서 그 내용을 점검하고 그 내용과 관련된 활동을 하는 방식으로 수업했다. 그렇게 단원이 끝날 무렵, 단원 평가를 실시했는데 3명 정도가 도달하지 못해 보충 지도를 받게 됐다. 쉬는 시간이 되자, 친구들 몇 명이 도달하지 못한 친구 3명에게 달려갔다.

"내가 쉽게 알려줄게. 다음에 재시험 꼭 통과해야 돼!"
"이건 이렇게 푸는 거야. 나도 여기가 좀 어려웠는데, 풀다 보면 괜찮을 거야."

친구들을 도와주는 아이들이 기특하기도 했지만, 교사로서 미안하고 부끄러웠다. 수업 시간에 더 쉽게 이해할 수 있게 가르쳐줬어야 했는데 하는 마음 때문이었다. 그렇게 아이들의 개인 지도와 교사의 피드백이 끝나고 나서, 3명은 재시험에 응시하고 결국 통과했다. 그때 친구의 통과를 자신의 일처럼 기뻐하는 아이들을 보고 깨달았다. 협동이 교실의 불완전한 면을 메꾸어주는 접착제, 교실을 따뜻하게 만드는 난로와 같은 역할을 한다는 것을.

그러나 이런 분위기가 하루아침에 만들어진 것은 아니다. 참 오랜 시간이 걸렸다. 처음엔 준비가 되지 않아 이기적으로 행동하거나, 자신이 아는 내용을 친구들에게 가르쳐주는 걸 꺼렸다. 그럴수록 협동과 다른 사람을 존중하는 배려하는 마음가짐 등을 계속해서 가르치고, 이것저것 시도

하며 아이들 몸에 배도록 노력했다. 실수와 노력이 점차 쌓이면서 온전해지는 것처럼, 교사와 아이들 모두 시행착오를 겪으며 협동하며 성장하는 과정을 거친다. 그 과정에서 협동의 의미, 서로간의 배움, 배움을 통한 성장을 깨닫게 되며 몸소 실천하는 경지에 이르게 되는 것이다. 그런 의미에서 오늘도 교실에서 아이들의 인성, 참된 배움을 함께 완성하려고 노력하는 모든 선생님들을 응원한다.

천천히! 함께! 서로를 믿고 나아가면 길이 보인다.

Chapter **1**

왜 몰입인가?

몰입 이야기

　행복이라는 단어의 사전적 의미를 찾아보면 생활에서 충분한 만족과 기쁨을 느끼어 흐뭇함 또는 그런 상태를 말한다. 꼭 가보고 싶었던 여행지에 가서 상상 속에서 그리던 장면을 마주하고 섰을 때, 사랑하는 사람과 일상을 함께할 때…, 우리는 행복을 느낀다.

　시카고 대학교에서 40년간 행복에 관해 연구한 미하이 칙센트미하이 교수는, 행복의 조건으로 '몰입'을 들었다. 몰입이라는 것은 어떤 행위에 깊이 빠져들어 시간의 흐름이나 공간, 더 나아가서는 자신에 대한 생각까지도 잊어버리는 심리적 상태를 말한다. 미하이 교수는 자신과 자신의 일에 대한 몰입이야말로 우리의 삶을 제약하는 환경을 바꿀 수 있고 주도적으로 살아갈 수 있는 가능성을 열리게 한다고 했다.

　일상에서도 몰입의 예를 얼마든지 찾을 수 있다. 독서를 좋아하는 사람이라면 책을 읽을 때 한 30분 정도 읽은 것 같은데 어느새 책의 마지막 페이지를 넘긴 경험이 있을 것이다. 시간 가는 것도 잊고 책 읽기에 몰입한 것이다. 이렇게 보면 몰입이 별 것 아닌 것 같다.

　하지만 평상시 우리의 삶을 돌아보면 몰입이 생각처럼 쉽지만은 않음을 알 수 있다. 언제 어디서 날아올지 모르는 메일과 메시지들을 확인하느라 1분 1초도 가만있지 못하고 몇 번씩 스마트폰을 확인하는 습관이라든지, 매일 반복되는 일상의 굴레에서 하루를 빠듯하게 살아가는 삶의 패턴들이 몰입이라는 단어 자체를 인식하지 못하게 하고 있는 듯하다. 다시 말해, 우리는 불완전한 존재일 뿐만 아니라 이미 세상이 만들어놓은 다양한 관습, 규칙 그리고 문화적 환경들로 인해 몰입을 방해받고 있다.

학교는 어떤가? 학교라는 공간에서 지금 우리 아이들은 행복할까? 이 곳에서 몰입의 기쁨과 행복을 경험하고 있을까? 이 책의 질문은 여기에서 시작한다. 우리는 이 질문의 답을 찾고 싶었다. 어떻게 하면 아이들에게, 자신의 일상의 대부분을 보내는 학교와 교실이라는 공간에서 몰입을 경험하고, 그것을 통해 행복을 느끼고 성장하게 할까? 어떻게 하면 이러한 몰입을 경험할 수 있는 최적의 환경을 만들어줄 수 있을까? 그러기 위해 교사인 나는 무엇을 해야 할까?

우리는 그런 교실의 모습을 '몰입교실'이라고 이름지었다. 몰입교실이란, 학생들이 교실이 안전한 공간이라는 심리적 안정감 속에서 주위의 모든 잡념이나 방해물에서 벗어나서 자신이 원하는 목표에 모든 정신을 집중하여 행복을 느끼는 교실을 말한다.

지금부터 이어지는 이야기는, 아이들이 몰입하고 그것을 통해 행복감을 경험할 수 있도록 만들기 위해 수많은 날들을 고민하고 연구했던 과정이자 우리들의 이야기이다.

몰입교실

몰입교실은 미하이 칙센트미하이와 마틴 셀리그만의 긍정 심리학에 이론적 기반을 두고 있다. 이들은 삶이 고조되는 순간, 마치 자유롭게 하늘을 날아가는 듯한 느낌이나 물이 흐르는 것처럼 편안하고 자연스럽게 행동이 나오는 상태에서 몰입이 일어난다고 했다. 예를 들면, 축구선수가 드리블로 상대선수를 제칠 때 그는 그 순간에 상대방의 움직임, 발등에서 느껴지는 볼의 느낌, 수비 사이를 지나가는 동료의 모습 등에 주의를 집중한다. 이때 조금이라도 딴 생각을 하면 볼을 빼앗기기 십상이기 때문에 온통 볼에 집중한다. 즉, 몰입한다.

몰입교실에서는 독특한 심리적 특성들이 나타난다. 첫째, 현재 수업 과제에 대한 강렬한 주의집중이 일어난다. 이러한 주의집중은 과제에 대한 흥미와 즐거움에 의해서 자발적으로 일어나는 것이다. 둘째, 몰입교실에서는 자기와 환경에 대한 구분이 거의 사라질 뿐만 아니라 시간의 흐름까지 망각하게 된다. 시간이 보통 때보다 빨리 지나가고 많은 일들이 짧은 시간 안에 펼쳐지는 것처럼 느껴진다. 셋째, 몰입교실에서는 수업 그 자체가 즐거워 자기 충족적인 속성을 지닌다. 다른 목적을 위한 것이 아니라 몰입하고 있는 그 활동 자체에 만족을 느끼는 것이다. 사실 교실의 모습은 이래야 하는 게 아닐까? 수업을 하는 교사도, 수업을 듣는 학생들도 모두가 원하는 당연한 모습을 우리는 몰입교실에서 발견한다. 그렇지만 지금 학교현장에서의 교실은 이것과는 정반대의 모습이 많으니 안타까울 뿐이다.

이러한 교실을 만들기 위해서 교사인 우리는 수업을 설계할 때 무엇을 고려해야 할까? 첫째, 분명한 목표가 있는 활동이 필요하다. 모호하거나 장기적인 목표에서는 몰입이 잘 일어나지 않는다. 예를 들어, '이번에는 성적을 올려야겠다.'는 목표는 막연하다. 이것을 '이번 단원에서는 90점 이상을 받아야겠다.'는 구체적인 목표를 세워 참여할 때 몰입을 경험할 가능성이 높다.

둘째, 즉각적인 피드백이 필요하다. 운동이나 게임에서 쉽게 몰입하는 이유는 분명한 목표가 있고, 매 순간순간 즉각적인 피드백이 이루어지기 때문이다. 이런 피드백은 목표 달성을 위해 자신이 현재 어디에 있는지를 분명하게 알려주는 기능을 한다.

셋째, 개인의 수준과 과제의 난이도가 적절한 균형을 이루어야 한다. 너무 쉬운 과제는 몰입하기 어렵고, 반대로 너무 어려운 과제는 포기하게 만든다. 따라서 상당한 노력을 요하는 도전적인 과제를 제공할 때 몰입하게 한다.

칙센트미하이에 따르면 몰입은 사람들로 하여금 인생을 더 즐기고 행복하게 살며, 다양한 상황에서 더 잘 기능하도록 만든다고 한다. 우리가 말하는 몰입교실은 학생들로 하여금 학교생활을 더 즐겁게 행복하게 만들고 다양한 문제 상황에서 더 잘 헤쳐나갈 수 있는 사람을 기른다고 믿는다.

관계중심의 교실

세상은 우리가 어떤 눈을 가지고 바라보는가에 따라 완전히 다르게 보인다. 마찬가지로 우리가 어떤 관점을 가지고 수업을 바라보느냐에 따라 수업이 다르게 보이고, 좋은 수업의 기준이 달라질 수 있다. 그렇기 때문에 좋은 수업을 만들기 위해 가장 먼저 할 일은 내가 어떤 관점으로 수업을 볼 것인가를 정하는 것이다.

우리는 누구의 입장에서 수업을 디자인했느냐에 따라 크게 3가지 정도로 분류했다. '교사중심의 수업', '학생중심의 수업', 그리고 '관계중심의 수업'이다. 이 세 유형의 수업은 제각각 장단점을 가지고 있다.

교사중심의 수업

먼저, 교사중심의 수업을 살펴보자. 이 유형의 수업에서 가장 중요한 문제는 교실에서 교사와 학생, 학생과 학생 사이의 면대면에 시간을 투자하기가 어렵다는 점이다. 수업의 성패는 관찰한 시간에 비례한다는 말이 있듯이 수업 속에서 교사와 학생 그리고 학생과 학생이 얼마나 상호작용하고 서로 관찰했는지에 따라 배움의 정도가 달라진다.

그런데 교사중심의 수업에서는 그런 상호작용이 일어나기 어렵다. 이로 인해 교실에서 참여를 통한 깊은 배움 또한 쉽지 않다. 관계가 형성되지 않은 상태에서 교사가 요구한 질문에 대답을 하거나 교사가 지시한 활동을 수행하는 것은 학생 입장에서는 매우 수동적이기 때문이다. 많은 이들이 교사중심의 수업이 내용 전달에 효율적이라고 생각하지만, 실제로 학생 입장에서 그 지식들을 적극적으로 수용하지 않는다면, 나아가 사고와 행동에 변화가 없다면 효율성 있는 수업이 아니라 오히려 의미 없는 수업이라고 할 수 있다. 즉, 이 수업은 학생들이 배우는 과정과 상호작용이 무시되고 있다는 문제점을 가지고 있다.

학생중심의 수업

학생중심의 수업은 일방적인 교사의 가르침이 아니라 학생 스스로의 자기주도적 학습으로 채워진다. 교실에서 교사는 수업의 안내자 또는 조력자 역할을 하면서 학생의 요구, 특성을 분석하고 학생의 수준과 능력에 맞추어 수업을 설계한다.

그런데 이 수업은, 학생의 배움을 강조하지만 그저 즐거운 활동만 있을 뿐 학생 개개인의 배움이 일어나지 않는 경우가 많다. 학생들의 수준, 능력, 속도는 매우 다양한데 학생 개개인의 차이와 다양성이 반영되지 않고 동일한 수업활동이나 과제를 부여하기 때문이다. 또한 과도하게 학생의 자기주도적 활동을 중시하다보니 교사의 의도와 목표가 무시되고, 교사와 학생의 관계 및 상호작용이 무시되는 경우가 종종 나타난다. 수업은

학생들의 자기주도성뿐만 아니라 학생과 교사의 상호관계도 매우 중요한
부분을 차지한다는 것을 간과해서는 안 된다.

관계중심의 수업

이러한 측면에서 새로운 관점의 수업은 관계중심의 수업이라고 이야
기하고 싶다. 수업이 어느 한쪽에 치우치다 보면 수업의 본질에 도달하기
어렵다. 교실에서 교사와 학생, 학생과 학생이 어떤 관계를 형성하느냐에
따라 수업의 성패는 결정된다.

그러므로 수업을 바라볼 때 어느 한쪽에 치우치는 것이 아니라 교사
와 학생의 관계를 형성하는 관점에서 바라보아야 한다. 즉 수업이란, 교사
와 학생, 학생과 학생이 교실에서 관계를 형성하고 서로 위로하고 같은 위
치에서 상호작용하는 과정이다.

두 가지 키워드

자존감

어떻게 하면 아이들이 교실에서 행복할까? 어떻게 수업에 몰입하게 할까? 함께 몰입교실을 고민하고 연구하면서 연구의 철학으로 세웠던 두 가지 키워드는 바로 '자존감'과 '공감능력'이었다.

자존감이란, 자기 자신을 제대로 이해하고 자신의 존재를 긍정하며 스스로 성장할 수 있다고 믿는 힘을 말한다. 이렇게 자신의 능력과 가치를 이해하고 알아보는 사람은 타인의 능력과 가치 또한 알아볼 수 있고 인정할 수 있기 때문에 타인과의 관계맺기가 가능하다. 수없이 관계맺음으로 진행되는 수업 속에서 나의 가치에 대해 알고 또 타인의 가치에 대해 인정하는 것, 그것이 바로 우리가 몰입교실을 연구하는 첫 번째 키워드였다.

이 자존감이라는 것은 교실에서 학생들에게 필요할 뿐만 아니라 수업을 연구하고 준비하는 우리 교사에게도 너무 중요한 키워드이다. '내가 왜 이런 일을 하지?'에 대한 질문과 성찰을 끊임없이 할 수 있게 하는 힘의 원천이 되고, 우리를 더 일관되고 지속적으로 몰두하게 만들기 때문이다.

몰입교실을 연구하면서 우리들이 스스로 믿고 있는 몇 가지 원칙이 있다. '수업의 성패는 관찰한 시간에 비례한다'는 것과 '꾸준함을 이길 자는 없다'라는 것이다. 이런 꾸준함을 유지하기 위한 가장 중요한 요소가 바로 나의 가치를 스스로 인정하고 내가 성장할 수 있다고 믿는 자존감이었다.

자존감을 키워줄 수 있는 방법에는 무엇이 있을까? 가장 먼저 자신에게 온전히 집중할 수 있는 환경을 마련해주는 것이다. 그 누구도 똑같은 얼굴로 태어나지 않는 것처럼 이 세상 누구도 같지 않다. 그런데 우리는 사회환경, 교육방식 그리고 대중의 시선으로 판단하며 모두 비슷한 인생을 만들어가려고 한다. 그러다보니 언제나 타인과 비교하게 되고 진짜 나에게 집중할 수 없는 상태가 되곤 한다. 타인의 기준에 맞추고 그들의 칭찬에 목마르게 되면서 온전히 자신에게 집중하지 못하고 타인에게 칭찬받을 수 있는, 또는 타인의 비난을 피할 수 있는 가면을 쓰며 살아가게 되는 것이다. 12년간의 교육을 다 마치고 대학에 들어가서도 자신이 무엇을 하고 싶은지 모르는 그런 '어른아이'가 많다는 것은 이런 현상을 고스란히 반영한다.

학교는 아이들의 자존감을 키우기 위해 무엇을 해야 할까? 그 대답은 의외로 간단하다. 아이가 스스로에게 온전히 집중할 수 있는 기회를 만들어주는 것이다. 즉, 아이가 자신의 강점에 집중할 수 있게 도와주는 것이다. 한 척의 돛단배가 있다고 가정해보자. 그 돛단배에는 아주 작은 구멍이 하나 나 있고, 배의 주인은 그 구멍을 어떻게 메울까만 고민하며 한참을 구멍을 메우는 일에만 몰두한다. 하지만 그렇다고 배가 앞으로 나아가지는 않는다. 배가 앞으로 나아가기 위해서는 돛을 펼쳐야 한다.

우리의 삶도 마찬가지가 아닐까? 배에 난 구멍처럼 자신의 약점을 찾고 그것을 가리거나 메우는 데만 급급하지 말고 내가 가지고 있는 강점이 무엇인지, 그것을 어떻게 하면 더 키울 수 있는지 고민하고 도전하는 것이 필요하다.

나의 어린 시절을 돌아보면 나의 강점은 새로운 것에 관심이 많고, 새로운 것에 도전하는 것을 두려워하지 않았다는 거였다. 부모님은 이런 나의 강점을 알아보시고 나에게 늘 새로운 도전을 할 수 있는 기회를 만들어주셨다. 그리고 거기서 어떤 결과를 얻었는지는 크게 중요하게 생각하지 않았다. 도전했던 과정, 도전을 했다는 것 자체, 용기내어 도전을 한 나 스스로에게 집중해주셨다. 그것이 나를 성장하게 했고 이렇게 또 새로운 도전을 할 수 있는 힘이 되었다.

문제는 어떻게 우리 아이들의 강점을 찾느냐 하는 것인데, 가장 쉬운 방법은 새로운 경험을 많이 해보게 하는 것이다. 아이들에게 스스로 새로운 경험을 많이 할 수 있는 환경을 제공하고, 그 새로운 경험 속에서 무엇을 알게 되었는지 성찰하는 시간을 만들어주는 것이다.

인간의 메타인지를 자극할 수 있는 좋은 방법으로, 질문하기와 성찰하기가 있다. 아주 작은 질문이라도 관점을 조금만 바꿔서 하면 성찰할 수 있는 환경을 만들어줄 수 있다. 예를 들어, 과학관 체험학습을 다녀왔다면, "오늘 과학관 어땠어? 좋았어?"라는 질문 대신에 "오늘 과학관에 다녀와서 너는 무엇을 알게 되었어? 왜 그게 기억에 남았어?"같은 질문을 하는 것이다.

공감능력

두 번째 키워드는 공감능력이다.

덴마크는 국민들의 행복지수가 높은 나라로 유명하다. 덴마크를 행복한 나라로 만든 가장 큰 이유가 바로 이 공감능력이었다. 이 나라는 이것을 위해 학교에서 공감수업을 진행한다. 공감수업은 감정카드를 이용하여 각자 감정카드를 선택하고 서로의 감정을 맞혀보고 자신의 고민을 이야기하고 경청해주는 방식이다. 꼭 덴마크의 사례가 아니더라도 공감능력이야 말로 창조적으로 사고하고 혁신을 이끄는 핵심이라고 생각한다.

급격하게 변화 발전하는 21세기 사회는 그 변화에 잘 적응하고, 문제가 발생했을 때 그 문제를 창의적으로 해결하는 능력이 매우 중요하게 요구된다. 예전처럼 한 가지 직업에 평생 종사하면서 지내는 것이 앞으로는 어려울 수 있다. 어쩌면 우리 아이들은 삶을 살면서 몇 번이고 자신의 직업을 바꾸어야 할지도 모른다. 이런 사회 변화에 맞춰 교육현장도 새롭게 변화하고 새로운 것을 받아들여야 한다.

그러나 이런 변화 속에서도 잊지 말아야 할 것은 교육의 핵심 본질과 가치이다. 우리는 그런 본질과 가치를 바라볼 수 있는 능력이 공감능력이라고 생각한다.

최근 주목받고 있는 스타트업 중에 '맘시터'라는 아이돌봄 플랫폼이 있다. 이 플랫폼을 개발하고 보급하고 있는 대표 또한 아이를 둔 직장맘이다. 이 대표는 퇴근시간에 갑자기 잡히는 회사 회식이나 야근 때문에 급하게 아이를 돌봐줄 사람을 구하느라 힘들었던 자신의 경험과 비슷한 상황으로 어려움을 겪는 동료들을 보면서 어떻게 하면 육아와 직장생활을 병행하면서도 자신과 아이 모두 행복할 수 있을까를 고민하다 이 플랫폼을 만들었다고 한다. 자신은 물론 다른 직장맘들이 느낄 고충에 대한 공감이 결국 이 플랫폼을 만들었고, 대한민국 직장맘들의 든든한 지원군 역할을 하게 한 것이다.

결국 공감능력은 타인의 처지에서 그들의 감정을 느끼고, 그 사람 입장에서 그들의 말과 행동에 대한 다양한 질문을 함으로써 스스로를 성찰하게 한다.

그렇다면 우리 아이들에게 이런 공감능력을 키워줄 수 있는 방법은 무엇일까? 아직 경험이 부족한 아이들에게 가장 쉽지만 중요한 것은 감정을 '읽어주는' 것이다. 아침에 일어나 서로 눈을 맞추고 웃으며 인사를 나누며 오늘 기분은 어때? 라는 간단하지만 따뜻한 말로 서로의 감정을 물어봐주고 따뜻한 포옹과 하이파이브로 서로를 격려해주는 행동들이 감정을 읽어주는 첫 번째 단계이다.

많은 연구에서도 검증되었듯이 부모 또는 어른과 안정적인 애착관계가 형성되지 못한 아이는 공감능력이 현저히 떨어진다고 한다. 세상이 너무 바쁘게 돌아가니 아이와 웃으며 함께 밥 먹을 시간조차 부족한 게 사실이다. 그러나 삶이 바쁘다는 핑계로 정말 중요한 것을 놓치고 있는 것은 아닌지 꼭 돌아봐야 한다.

서로의 감정을 읽어주는 것에서부터 공감능력은 시작된다.

몰입하는 환경 만들기

학생들은 언제 몰입할까? 학생들이 몰입을 경험할 수 있는 최적의 환경을 만들어주기 위해서는 어떻게 해야 할까? 몰입할 수 있는 환경을 만들어주기 위해서는 교사와 학생이 면대면으로 상호작용을 할 수 있는 충분한 시간이 필요하고 삶과 연결된 명확한 수업의 목표가 있어야 하며 학생을 전적으로 믿고 기다려줄 수 있는 환경을 만들고, 과제 선택의 다양성을 통해 학생 스스로에게 자율성을 부여하고, 내가 공부하는 이 교실이 안전한 공간이며 어떤 새로운 것에도 도전할 수 있도록 실패해도 괜찮은 문화를 만들어주어야 한다.

면대면으로 상호작용

학교의 시간은 정말 빠르게 흘러간다. 수업준비와 수업활동 그리고 다양한 업무들로 학생 한 명 상담하기도 힘든 것이 학교현장이다.

수업은 또 어떤가? 가르치고 배워야 하는 수많은 개념과 내용들, 게다가 너무 다양한 배경지식과 수준의 아이들…. 이런 환경에서 아이들과 면대면으로 상호작용한다는 것 자체가 허황된 꿈처럼 여겨진다.

그래서 우리는 기존의 수업방법을 완전히 뒤집었다. 학생들이 배워야 하는 기본개념과 중요한 내용은 영상으로 제공하여 미리 집에서 보고 오게 하고, 수업시간에는 한 명 한 명과 상호작용하는 시간을 확보하는 것이다. 학습이라고 하면 배워서 익히는 과정이 필요한데 우리나라의 교육 시스템은 너무 '학'에만 집중한다. 그러다보니 자연스럽게 익히는 과정은 사교육이나 학원에 의존할 수밖에 없다.

우리는 수업의 성패는 관찰한 시간에 비례한다는 말을 수업 철칙으로 믿는다. 수업 안에서 얼마나 그 아이를 많이 관찰하고 기록하고 피드백 하느냐에 따라 수업의 성패는 달라지고 몰입도가 달라진다. 요즘은 에듀테크 기술이 너무나 많이 발전해서 정말 손쉬운 방법으로 개념이나 중요 내용을 담은 영상을 제작하고 구글 클래스룸 같은 다양한 플랫폼을 통해서 공유할 수 있으며 실시간으로 묻고 답하고 피드백 할 수 있는 시대가 되었다.

또한 영상을 제공한다는 것은 학생들로 하여금 많은 기회를 얻게 한다. 언제든지 다시 반복할 수 있고, 자신이 원하는 지점에서 멈추고 생각하고 성찰할 수 있게 한다는 점에서 학생들로 하여금 현재 자신이 하고 있는 활동을 강력하게 장악하고 있는 듯한 강력한 통제감을 느끼게 해준다. 활동의 진행이나 속도에 대한 걱정이 사라지고 주의집중이 일어남에 따라 몰입을 경험하게 해준다.

교사의 입장에서도 진도에 대한 압박에서 벗어날 수 있어서 학생들의 수준에 따른 다양한 과제를 제공하여 학생들의 선택권을 제공할 수 있다. 무엇보다 믿고 기다려줄 수 있는 시간을 확보할 수 있다는 점이 강점이다.

학생들이 몰입할 수 있는 안전한 공간

학생들이 몰입할 수 있는 안전한 공간을 만들기 위해서 어떤 것들을 갖추어야 할까? 이를 위한 전제는 교실 공간이 긍정적 감정으로 가득차 있어야 한다는 점이다.

긍정적 감정에 관한 대표적인 실험이 하나 있다. 퍼듀 대학교에서 진행되었던 골프퍼팅 실험이 그것인데, 이 실험은 긍정적 감정의 중요성과 효과를 잘 말해준다. 실험의 내용은 간단하다. 동일한 골프 선수들에게 퍼팅 시험을 치르게 하면서 한쪽에는 홀 구멍보다 더 큰 원을 홀 주변에 투사하여 홀의 크기가 상대적으로 작아 보이게 하고, 다른 홀은 홀 구멍보다 작은 원을 홀 주변에 투사하여 홀의 크기가 상대적으로 커 보이게 한 뒤 성공률이 어떻게 달라지는지 알아보는 것이었다. 역시나 상대적으로 홀의 크기가 커 보이는 홀의 성공률이 훨씬 높았다. 이것은 자신이 성공할 수 있다는 자신감의 긍정적 감정이 결과에 영향을 미쳤다는 뜻이다. 이렇듯 긍정적인 감정은 행동과 결과에 긍정적인 영향을 미친다.

우리 아이들은 이러한 긍정적인 감정을 많이 느끼고 있을까? 안타깝게도 요즘 아이들은 학교에 도착하면 부정적인 감정을 더 많이 느끼는 것 같다. 숙제를 다 못해서 걱정하고, 오늘 시간표를 보며 '아, 오늘은 수학, 영어가 다 들어있네.'라며 한숨을 쉬고, 심지어 학교에 오자마자 누워서 자고 있는 학생들도 자주 본다. 학교가 즐겁고 행복한, 안전한 공간으로 느낄 수 있으려면 이런 부정적인 감정을 긍정적인 감정으로 바꾸어 불안감을 해소해주어야 한다.

교사들 가운데 아이들을 사랑하지 않는 교사가 어디 있을까마는 아이들을 사랑하는 마음만으로는 부족하다. 아이들 스스로 사랑받고 있음을 느낄 수 있게 해주어야 한다. 한번 생각해보자. 나는 오늘 우리 반 아이들 모두에게 골고루 사랑을 표현해주었는지. 100% 확신하는 교사는 없을 것이다. 과거의 우리들도 그랬다. 수업목표를 잘 따라오는 아이들, 열심히 반응하며 정해진 답을 말해주는 아이들이 더 예쁘고 사랑스러웠다. 굳이 변명을 하자면 가르쳐야 할 내용은 너무 많고 쏟아지는 업무들 때문에 일일이 모든 아이들을 챙길 수 없었다.

3E로 아이들의 감정을 긍정적으로 바꾸다

하지만 정말 쉽고 간단한 방법으로 아이들의 감정을 긍정적으로 변화시킬 수 있는 방법이 있다는 것을 알고부터는 꾸준히 그 방법을 하루의 루틴으로 실천하고 있다. 그것을 우리는 '3E(eye contact-emotion-encourage)'라고 부른다.

우리는 보통 아침에 출근해서 교실에 가면 '안녕, 얘들아!' 하며 아침인사를 하고 바로 컴퓨터를 켜고 그날 공부할 내용들과 처리해야 할 업무를 확인하곤 한다. 그동안 너무나 당연하게 반복해온 일상의 이 짧은 시간이 하루를 시작하는 아이들의 감정을 긍정적으로 바꾸어줄 수 있는 아주 중요한 시간이 될 수 있다.

우선, 교실에 입장함과 동시에 아이들 한 명 한 명과 눈을 맞추며 아침인사를 나눈다. 그런 다음 아이들의 기분을 물으며 대화를 시작한다.

"○○야, 안녕? 오늘 기분은 어때?"

"선생님, 안녕하세요? 근데 오늘은 좀 피곤해요."

"왜 그러지? 어제 무슨 일 있었니? ○○가 피곤하다고 하니까 선생님이 마음이 쓰이네. 오늘은 조금 더 편안하게 공부할 수 있도록 신경 써 볼게."

이런 대화로 서로의 감정을 나눈 후 미리 정해놓은 방법으로 서로를 격려하는 활동을 한다. 어떤 아이들과는 간단한 눈인사를 나누거나 하이 파이브를 하며 파이팅을 외치고, 어떤 아이들은 요즘 유행하는 인싸 인사 법을 사용하기도 한다. 아주 가끔은 안아달라고 하는 아이들도 있다.

어떻게 보면 아무것도 아닌 아주 사소한 이런 아침 루틴이 학생들에게 긍정적인 감정을 갖게 하고, 기분 좋은 감정으로 하루를 시작하게 한다. 그리고 그런 긍정의 감정들이 쌓이다 보면 자연스럽게 교실 공간을 내가 존중받고 있는 안전한 공간으로 느끼게 한다. 이 활동의 핵심은 '꾸준함'이다. 이런 꾸준한 아침 루틴을 통해 성공적인 교실의 시작을 열 수 있다.

실패해도 괜찮아!

'새로운 것에 도전할 수 있는, 실패해도 괜찮은 문화'를 만들기 위한 전제는 '믿음'이다. 학생들은 미래에 변화될 자신의 모습에 대한 기대를 통해 스스로를 믿게 된다. 그러나 현재 학생의 대부분은 학습된 무기력 때문에 자신에 대한 믿음이 턱없이 부족하다. 그러다보니 새로운 것에 대한 도전이 매우 어려울 수밖에 없다.

여기서 주목할 점은 무기력이 학습되듯이 성공에 대한 경험과 자신에 대한 긍정적 믿음과 기대도 학습할 수 있다는 것이다. 즉, 작은 성공의 경험들과 자신의 강점에 주목해주는 환경들이 스스로가 더 나은 나로 성장할 수 있다는 자기실현적 예언을 하게 만든다. 특히 권위 있는 사람이 자신의 능력을 믿어줄 때 자기 효능감은 훨씬 더 커진다고 한다. 그렇기 때문에 교실에서 절대적인 권위를 가지고 있는 교사의 역할이 매우 중요한 것이다.

교사가 학생을 믿고, 학생은 그런 자극을 통해 자신감을 회복하게 만드는 것이 '관계의 언어'이다. '관계의 언어'라는 용어는 함께 연구하는 몰입교실 사람들과 함께 정의한 용어이다. 인간에 대한 존중을 기반으로 서로 상호작용하며 살아가는 가운데 더 깊고 끈끈한 관계를 만들기 위해 과정에 집중하고 협력자 역할을 하며 긍정적 에너지를 전해줄 수 있는 언어, 비언어적 표현을 말한다.

이런 관계의 언어가 얼마나 중요한지 보여주는 에피소드가 있다. 수학을 너무나 싫어하던, 평균 50점 맞던 아이가 있었다. 그런데 이 아이가 수학선생님을 짝사랑하게 되면서 선생님한테 잘 보이려고 정말 죽을 만큼 열심히 해서 중간고사에서 90점을 받았다. 스스로 얼마나 기쁘고 뿌듯했을까. 이 아이는 그길로 수학선생님을 찾아갔다. 이때 '와, ○○가 90점 받았어? 선생님이 이렇게 기쁜데 ○○는 얼마나 기쁠까?'라고 말해주었다면 좋았겠지만, 우리 대한민국 교사들이 가장 하기 어려운 말이 이 관계의 언어라고 한다. '조금만 더해! 이제 100점이 눈앞이야. 힘 내.' 그 말에 아이는 실망했지만, '좋아. 이번 기회에 내가 100점 맞아봐야지' 하고 정말 최선을 다해 노력해서 학기말 시험에는 100점을 맞았다. 그런데 그 교사는 한술 더 떠 '방심하지 마! 긴장 놓지 말고.' 라고 했다는 것이다. 학교에서 흔히 볼 수 있는 장면이지만 그래서 더 아쉬운 이야기이다. 그래서 대한민국에 사는 학생들은 1등을 해도, 100점을 받아도 불안하고 남에게 의지하게 되는지도 모른다.

만약 이 교사가 관계의 언어를 구사했다면 상황은 달라졌을 것이다. 학생이 처음 찾아갔을 때, "세상에! 정말 많이 노력했구나. 네가 멋지고 자랑스럽다."라고 했다면, 두 번째 찾아갔을 때라도 이런 식의 언어로 격려하고 칭찬했다면 이 교사와 학생의 관계는 완전히 달라졌을 것이고, 이 학생의 학교생활은 물론 일상은 지금보다 확실히 더 좋아졌을 것이다. 이렇듯 관계의 언어는 학생과 교사의 관계를 단단하게 묶어주는 마법 같은 말이다.

관계의 언어 역시 훈련이 필요하다. 학생들과의 일상적인 대화에서 긍정의 단어를 사용하고, 눈에 보이는 결과보다는 언제나 과정에 집중하며, 교실에서 감시자나 평가자가 아닌 협력자 역할을 하려고 노력해야 한다. 말이 쉽지 무척 어려운 과정이라는 것을 충분히 공감한다.

이런 예를 들어보자. 한 아이는 체육에만 관심이 있다. 중간놀이 시간에도, 점심시간에도 무조건 반 친구들을 몰고 나가서 축구를 하고 온다. 그러다보니 수업시간에 늘 늦고, 수업이 시작되어도 준비는커녕 부채질만 하고 있는 경우가 허다하다. 그 모습이 너무 마음에 들지 않아 버릇을 고쳐주어야겠다고 마음을 먹는 5교시 국어시간에 일부러 그 아이에게 책을 읽어보라고 시켰다. 점심시간에 축구를 하고 들어와서 여느 때와 마찬가지로 부채질을 하고 있던 그 아이는 허둥대면서 옆 짝꿍과 친구들한테 아주 낮고 다급한 목소리로 몇 페이지냐고 물었다. 하지만 주변 친구들도 그 아이와 어울려 축구를 하고 들어와서 부채질하기 바빠 알 리가 없었다. 그 순간 교사는 화가 머리끝까지 나서 소리를 꽥 질렀다. '너 지금 뭐하는 거야? 그러려면 학교는 왜 다녀? 차라리 축구부 있는 학교로 전학을 가!' 날카로운 언어들로 비수를 꽂았다.

이 이야기가 낯설지 않은 것은 날마다 우리 교실에서 이런 비슷한 일들이 일어나기 때문일 것이다. 하지만 이런 식의 언어는 학생에게도, 교사 자신에게도, 더 나아가 반 전체에도 전혀 도움이 되지 않는다. 어쩌면 이런 말을 들은 학생은 앞으로 국어의 국자만 들어도 짜증이 날지 모른다. 그래서 관계의 언어가 필요하고 중요하다.

그렇다면 이 상황에서 쓸 수 있는 관계의 언어는 무엇일까? 예를 든다면 이런 식이다. '축구하고 와서 덥지? 선생님이 선풍기 시원하게 틀어줄 테니까 90쪽 3번째 줄부터 큰 소리로 읽어줄래?' 뭘 저렇게까지, 하고 생각하는 교사도 있을 것이다. 그러나 이런 관계의 언어는 학생으로 하여금 교사를 자신을 도와주는 협력자로 인식하게 만든다는 점에서 매우 중요하다. 가는 말이 고와야 오는 말이 곱다는 속담처럼 관계의 언어는 학생은 물론이고 교사인 나에게도 긍정적인 감정으로 되돌아온다. 그리고 그것은 관계를 단단하게 만드는 아교 역할을 한다.

질문과 몰입

다르게 질문하기

질문은 몰입과 무슨 관련이 있을까? 질문은 어떤 힘을 가지고 있을까? 수업은 무수한 질문과 대답으로 이루어지는 시간이기도 하다. 그런데 이 질문을 지금과 다른 방식으로 하게 되면 학생들을 몰입하게 만드는 놀라운 일이 벌어진다.

어린 시절을 돌아보면 반마다 항상 문제아 취급을 받는 친구들이 있었다. 그들은 특별히 사고를 치거나 아이들을 괴롭히지는 않았지만 장난기가 많고 이런저런 호기심이 많았다. 특히 궁금한 것은 참지 못해서 수업 시간만 되면 "왜요?"라는 질문을 쏟아내곤 했다. 그때마다 선생님들은 "헛소리 하지 말고 잘 보고 잘 들어라, 배운 대로만 따라하면 된다."고 대답했다. 물론 그때는 선생님들 말이 맞다고 생각했다. 그 친구가 면학 분위기를 해친다고도 생각했다.

그렇다면 어른이 된 지금은 학교가 달라졌을까? 한 방송에서 요즘 학생들이 교실에서 가장 많이 듣는 말이 무엇인지를 설문조사한 적이 있다.[1] 그 결과는 '조용히 해!, 집중 좀 해라!, 떠들지 마!'였다고 한다. 21세기 교실에서도 과거 우리가 학교 다닐 때 들었던 말과 별반 다르지 않다는 것이 놀랍기만 하다. 이렇게 조용히 하라는 말을 지속적으로 듣다 보니 수업이 시작되면 한 명 두 명 쓰러지기 시작하고 그렇게 5분, 10분, 20분이 지나면 살아있는 친구들이 한두 명에 지나지 않는다. 너무 안타까운 현실이다.

과거엔 인공지능이 인간의 도구에 지나지 않는다고 폄하되었지만 지금은 상황이 완전히 바뀌었다. 인간이 사용하는 도구를 넘어서 인간 대신 상황판단을 하고 의사결정을 하는 주체도 될 수 있다.

그러면 앞으로 우리는 어떤 교육을 해야 하는가? 인공지능이 인간을 뛰어넘을 수 있는 뇌 영역이 아닌 전뇌적 사고를 발달시켜줘야 한다. 자신의 생각을 글과 그림, 음악으로 표현하고 소리, 몸, 색을 두루 사용하게 해주어야 한다. 또한 복잡한 상황 속에서 맥락을 이해하고 해결방법을 스스로 찾는 일을 할 때 발달하는 전전두엽 영역을 특히 발달시켜야 한다. 전전두엽은 13~18세 때 가장 빠르게 발달하고 특히 문제를 해결하려고 낑낑거리는 그 순간 발달하는 영역이다.

전뇌적 사고의 중요성은 특히 창의적인 아이디어에 있다. UC버클리 잭 갤런트 교수의 최신 연구는, 창의적 아이디어는 어느 한군데 뇌 영역을 통해 나타나는 것이 아니라, 여러 영역이 관여하며 전뇌적 사고를 할 때 창의적인 아이디어가 나온다는 것을 보여줬다.[2] 이에 따라 교육은 각

---

1) EBS 다큐프라임, 「왜 우리는 대학을 가는가?」, 5부 말문을 터라.
2) 『열두 발자국』, 정재승, 어크로스, 2018.

학생들에게 획일적인 뇌 지도가 아닌, 자신만의 뇌 지도를 만들고 각자의 뇌 지도 속에서 멀리 떨어진 영역을 활발히 연결시킬 수 있도록 독특한 관점을 북돋아줘야 몰입을 할 수 있다.

비판적 질문의 힘

아이들을 스스로 몰입하게 하는 힘은, 바로 "why?"라는 단어, 즉 호기심을 불러일으키는 비판적 질문이다. 아이들 스스로 하는 이 질문은 아이들을 몰입하게 하는 강력한 힘을 가지고 있다. 자신의 입에서 나온 질문은 그 질문 자체가 자신의 삶과 연결되어 있기 때문이다. 수업이 삶과 연결되는 것은 매우 중요하다.

요즘 현장에서는 다양한 활동들이 학생 참여형 수업이라는 이름으로 많이 활용되고 있다. 가장 대표적인 것이 글쓰기이다. 한번 생각해보자. 우리는 학생 시절에 얼마나 많은 글쓰기를 했는지, 그때 나의 온힘을 다해 썼는지. 아마도 그런 적은 별로 없을 것이다. 그 이유는 나의 삶과 관련 없는 분절적이고 형식적인 글쓰기를 강요받았기 때문이다. 따라서 학생들이 글쓰기에 몰입할 수 있게 하려면 학생들의 삶과 관련된 글쓰기를 시키면 된다.

학교에 다니기 전 어린아이들은 어떤 질문을 해도 칭찬을 받고, 성의 있는 답을 듣는다. 그런데 이런 기분 좋은 경험이 나이가 차 입학하고 학년이 올라갈수록 조금씩 변하기 시작한다. 그 좋았던 기억들이 정답만을 찾아야 하고, 성적으로 비교당하면서 점점 자신감도 잃어가고 기분 나쁜 경험으로 채워간다. 내가 하는 질문이 혹시 쓸데없는 질문으로 취급되는 건 아닐지, 내 질문이 수업을 방해하는 건 아닌지, 이런 질문을 하면 나를 한심하게 여기는 건 아닐지… 이런 생각으로 질문하는 횟수가 급격히 줄어들게 되고, 질문을 하지 않는 아이가 된다. 질문 없는 교실이 된 것이다.

질문은 매우 중요하다. 이제 아이들이 자발적으로 질문할 수 있게 기분 좋은 환경을 만들어주어야 한다. 그것을 위해 가장 먼저, '위로와 공감'이 필요하다. 질문을 하려고 할 때 제일 힘든 게 질문을 하려고 손을 들기 직전이다. 그동안의 부정적인 경험들과 감정들이 쌓여 자신감이 없기 때문이다. 그럴 때 '괜찮아'라는 위로를 받으면 아이들은 도전할 수 있는 용기를 갖게 된다.

그 다음은 '정확하게 진단하기'이다. 현재 우리 반 아이들의 지식수준과 단계를 정확하게 알고 있는 것은 매우 중요하다. 해당 학년이라고 모두 그 수준에 도달한 것은 아니므로 아이의 단계에 맞춰 다시 시작하고 질문할 수 있도록 도와주어야 한다. 바로 그곳이 그 아이가 머물러 있는 곳이기 때문이다. 내가 알고 있는 것과 알고 있다고 착각하는 것을 인지하는 순간 나의 목표를 설정할 수 있고 내가 가야할 로드맵을 그릴 수 있다.

마지막 단계는 '도전하기'이다. 처음부터 만족할 만한 질문과 토론을 이끌 수 없겠지만, 조금씩 도전하다 보면 학생들 스스로 질문근육이 생기고, 그 근육들로 인해 더 튼튼하고 건강한 질문들이 만들어질 수 있다. 학생들을 믿고 기다려주며 그들 스스로 질문하는 습관을 기를 수 있도록, 그리고 끊임없이 질문할 수 있도록 유도해야 한다.

Chapter 2

놀이로 몸 깨우기

놀이 속 몰입 이야기

 칙센트미하이는 몰입의 개념을 "행위에 깊게 몰입하여 시간의 흐름이
나 공간, 더 나아가서는 자신에 대한 생각까지도 잊어버리게 될 때의 심리
적 상태"라고 했다. 또 높은 수준의 능력, 기량(Skills)을 갖춘 사람이 높
은 수준의 도전(Challenges)적 과제를 수행할 때 몰입(Flow)이 된다고 말
했다. 이것을 교실에 적용한다면 어떨까?

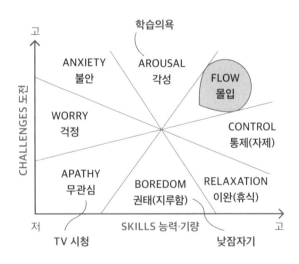

아이들은 모두 각각 다른 수준의 능력, 기량(Skills)를 갖고 있다. 아이들의 수준에 맞춰 개개인이 할 수 있으면서 높은 수준의 도전적 과제를 적절히 제시하면 '몰입'할 수 있는 '교실'을 만들 수 있다. 이러한 몰입교실(Flow Class)을 만들기 위해서는 학생들의 개별적 수준을 맞출 수 있는 다양한 관계중심형 수업, 과정중심 평가방법, 학급살이가 필요하다.

'행위에 깊게 몰입하여 시간의 흐름이나 공간, 더 나아가서는 자신에 대한 생각까지도 잊어버리게 될 때의 심리적 상태'인 몰입의 환경을 만들어주기 위해서는 기본적으로 '교실'이 아이들에게 매일 오고 싶은 안전하고 즐거운 긍정의 에너지가 넘치는 공간이어야 한다. 아무리 훌륭한 교수법, 최신의 교재 교구가 있다 하더라도 아이들에게 교실이라는 공간이 오기 싫은 부정적 에너지의 공간이면 몰입할 수 있는 환경이 될 수 없다. '세상에서 가장 행복하고 안전한 공간'이라는 인식을 주기 위해 교사와 학생, 학생과 학생 간의 긍정적인 관계가 형성되어야 한다. 이를 위해 아이들의 마음을 사로잡고, 잠자고 있는 몸을 깨워줄 놀이가 필요하다.

놀이, 몰입의 중요 요소

이런 흐름 때문인지 최근 현장에서 놀이의 중요성이 많이 대두되고 있다. 많은 교실에서 놀이가 이루어지고 있고, 교육지원청에서도 다양한 놀이 연수를 진행하고 있다. 비고츠키는 '놀이는 아이들이 자신의 한계를 넘어설 수 있게 한다.'고 했다. 역사적으로도 많은 철학자와 심리학자들이 놀이의 중요성을 이야기했다.

그런데 가끔 몇몇 교사들은 놀이를 그저 '웃음, 재미, 즐거움'이라고 오해하기도 한다. 이런 오해는 놀이가 왜 몰입에 중요한 요소인지를 놓치게 한다. 몰입은 웃음과 재미로부터 오는 것이 아니라 위험을 감수하며 경계를 실험하는 것으로부터 오는 것이다.

현장에서 진행되고 있는 많은 놀이 중 어떤 놀이가 아이들을 몰입하게 만들까? 이것은 놀이가 아이들에게 움직이고 탐구하고 실험하고 협력할 수 있는 여지를 제공하고 있는지를 살펴보면 된다. 대표적인 예가 레고브릭이다. 아이들은 레고브릭 한 통만 있으면 그들이 상상하는 모든 것을 만든다. 그리고 만든 것을 또 분해하고 또다시 새로운 것을 상상한다. 이것은 끊임없는 놀이의 연속이며 몰입의 시작이다.

그러나 같은 레고브릭이라도 조립 설명서를 따라하면서 만드는 것은 그저 설명서를 차근차근 따르는 법을 배울 뿐 몰입이 일어나지는 않는다. 물론 아이들이 설명서에 따라 활동하는 것이 잘못되었다는 것은 아니다. 이런 활동을 통해서 아이들은 새로운 프로젝트를 위한 기본지식을 쌓을 수 있다. 그러나 최종목표가 놀이를 통한 몰입이라면 단계별 지침을 따르는 활동은 디딤돌이어야 한다. 즉, 아이들이 스스로 어떤 놀이를 하고 어떻게 변형할 지를 결정하는 것이 중요하다.

몸을 깨우는 놀이도 마찬가지다. 처음에는 놀이에 대한 기본지식과 태도를 위해 활동 순서나 지침에 따라 진행하는 놀이부터 시작해서 최종적으로 학생들이 스스로 선택하고 변형하며 진행하는 놀이의 형태로 발전해가야 한다.

'Welcome mission'으로 첫날 열기

웰컴 미션은 '어떤 공간에 처음 왔을 때 행하는 미션'이다. 어떤 활동이 정해진 것은 아니고, 교사의 아이디어에 따라 다양한 웰컴 미션이 존재한다. 여기서 소개할 것은 '3월 첫날 내 교실 찾아오기'라는 단순한 미션이다. 그렇지만 '게이미피케이션' 요소를 결합해서 어색함을 풀 수 있는 미션으로 구성해봤다. 우선, 우리 교실 상황과 교사로서의 바람은 다음과 같았다.

● 아이들의 개개인 사진이 학급경영에 필요하다. 하지만 따로 시간을 내서 30명 아이들을 찍기에는 시간이 오래 걸린다. 사진 찍기를 포함한 미션을 진행하고 싶다.
● 우리 반은 학교 정문에서 가장 멀리 떨어진 학급이다. 4층 제일 끝이다. 3월 첫날에 아이들은 본인이 몇 반인지도 모르고, 위치도 모른다. 아이들을 어떻게 찾아오게 할까?
● 우리 학교 전교생의 신발장은 1층에 있다. 하지만 신발장에는 '4501' 이런 식으로 번호만 쓰여 있다. 반, 번호도 정확히 모르는 아이들이 처음 왔을 때 신발을 어디 둘지 몰라 좁은 신발장에서 우

왕좌왕하면서 생활지도상 문제가 생길 수 있다.

그래서 아이들의 입장에서 등교하는 동선을 생각하며 아래와 같은 웰컴 미션을 구성해봤다.

1. 내일 등교하면 아이들은 신발장으로 먼저 갈 것이기 때문에 반, 번호를 모르는 학생들을 위해 '테이프로 이름표'를 붙인다.

2. 신발장을 열면 웰컴 미션지가 있으며, 내용은 다음과 같다.

선생님 만나자마자 해야 할 미션

선생님이 '암호!'라고 말하면
반, 번호 숫자를 이어서
네 자리로 말하세요.
(신발장 번호가 힌트)

3. 아이들과 첫인사를 할 때의 대화다.

<u>선생님</u> 암호!

<u>학 생</u> 4501!

이 미션이 통과되면 교사가 준비한 셀카봉으로 사진을 함께 찍고, 독사진도 한 장 찍는다. 처음부터 독사진을 찍으면 어색해하고, 힘들어하기 때문에 교사와 함께 찍고 자연스럽게 독사진을 찍으면 거부하는 학생들이 없다.

4학년 5반 Welcome Mission!

아래의 세 가지를 실행하세요.
세 가지를 모두 성공해야
자리에 앉을 수 있습니다.

1. 신발장에 붙여진 이름표를 떼주세요.
2. 이름표를 들고, 4학년 5반 교실을 찾아오세요.
   (힌트: 6학년 교실)
3. 도착하면 선생님에게 이름표를 반납하고,
   선생님과 함께 사진을 찍으세요.

시간이 걸리지만 이렇게 모은 사진을 학교 첫날 부모님들에게 '○○가 학교 첫날 아이들과 즐겁게 생활하며 무사히 하루를 끝냈습니다. 앞으로 담임교사로서 잘 보살피고 가르치겠습니다.'라는 문구와 함께 보내면, 담임교사에 대한 신뢰도 동시에 쌓을 수 있다. 시작이 반이다! 웰컴 미션은 첫날을 의미있게 보낼 수 있는 나만의 학급경영 노하우가 될 수 있다.

'I SEE U'로 재미와 의미 다 잡기

똑같은 활동이어도 매번 다른 결과가 나오는 교실놀이 활동이 있다
면 학급경영을 하는데 굉장히 큰 도움이 된다. 간단한 준비물, 시간도 오
래 걸리지 않고 즐거움까지 더해지는 활동이라면 더더욱 그렇다. 그런 활
동 중 하나가 바로 'I SEE U'이다.

준비물: A4용지(또는 A4색지) 학생 수만큼, 사인펜(연필, 볼펜 등) 학생 수
만큼

동기유발: 아래 사진을 보며 '저렇게 잘생긴 사람이 왜 저렇게 됐을까?'라는
열린 발문을 한다. 이때 아이들은 '왼손으로 그려서요.', '눈 감고 그려서요.'
등 다양한 대답들을 한다.

종이 안 보고 짝꿍 얼굴 그리기(1분): '짝꿍의 얼굴을 서로 그릴 건데, 종이를 안 보고 얼굴만 보고 그릴 거야.'라고 안내한다. 그리고 A4용지는 보지 않고 짝꿍의 얼굴을 그리게 한다.

짝꿍 인터뷰(약 3-4분): 1분 뒤 서로 그린 그림을 확인하게 하면 삐뚤빼뚤 이상하게 그려진 자신의 얼굴을 보고 깔깔 즐거워하는 걸 볼 수 있다. 그러고 나서 짝꿍 인터뷰를 진행한다. 인터뷰는 이름, 고향, 평소에 들으면 기분 좋은 말, 내가 ○학년이 돼서 원하는 것 등을 한다. 인터뷰한 내용은 친구 얼굴을 그린 종이 여백에 메모하게 한다.

모둠활동(약 5분): 내가 그린 짝꿍의 얼굴과 인터뷰한 내용을 보여주면서 모둠 친구들에게 소개한다. 그리고 발표가 끝나면 '하나 둘 셋'을 외치면서 칭찬샤워를 해준다. 칭찬샤워의 내용은 내 짝꿍의 3번 대답이다. 예를 들어, 지호가 짝꿍 민솔이를 소개하는데, 3번 인터뷰 내용 중 '평소 들으면 기분 좋은 말: 예쁘다'로 되어 있으면, 지호가 '하나 둘 셋'을 외치면 모둠원 모두가 '예쁘다!'라고 큰 소리로 외치면서 민솔이를 칭찬해준다.

심화학습(약 10분): 재미에 의미를 더하기 위한 활동이다. 짝꿍에게 내 얼굴 그림을 받은 뒤에 왼쪽 귀에는 '평소 듣기 싫은 말', 오른쪽 귀에는 '평소 듣고 싶은 말'을 적게 한다(왼쪽 눈에 평소에 보고 싶지 않은 것, 오른쪽 눈에 평소에 보고 싶은 것을 적게 해도 된다). 그 다음 환경 게시판에 붙여 게시하면 서로를 알아가는 시간으로 활용할 수 있다.

'미션 한 줄 서기'로
우리는 같은 반이라는 생각 공유하기

첫날 학생들은 모든 것이 어색하고 긴장되기 때문에 얼어 있다. 이때 우리는 같은 반 친구라는 것을 인식시킬 수 있는 즐거운 활동이 필요하다. 자연스럽게 서로 대화하고 몸을 쓰면서 자연스럽게 친해질 수 있는 활동이 바로 '미션 한 줄 서기'이다.

1. 교실 운동장을 만든다.[3]

2. 교사는 학생들에게 한 줄로 세울 미션을 제공한다. 예를 들면, "생일 순서대로 한 줄 서기!", "엄지손톱 길이 순서대로 한 줄 서기!" 등이다.

3. 미션에 성공하면 세리머니를 한다. 세리머니는 맨 앞사람부터 뒷사람까지 5초 안에 자기 이름을 전달하는 것이다. 서로의 이름을 알아갈 수 있는 시간이기도 하다.

엄지손톱 길이 순서대로 한 줄 서는 모습

교실에서 실제 적용해 보니 아래와 같은 효과가 있었다.

● 아이들 반응이 매우 좋다. 특히 미션이 생일 순서일 때는 '너 몇 월이야?', '넌 언제인데?' 같이 아직 익숙하지 않은데도 많은 질문들이 오갔다.

● 생일 순, 키 순처럼 길이, 시간 등의 명확한 기준을 제시하면 좋다.

● 미션 5개 성공! 할 경우 아이들이 좋아하는 간식 또는 학급 보상을 주면 더욱더 효과적이다.

---

3) 교실 운동장이란? 학생들의 책걸상을 좌우앞뒤로 최대한 밀착시켜서 빈 공간을 만드는 것이다.

'마시멜로 챌린지'로 친구들과 협업하기

3월에 구성된 첫 모둠은 아이들에게 낯설고 어색하다. 이런 어색함을 풀고, 협동심을 기르기 위한 팀빌딩 활동으로 '마시멜로 챌린지'가 제격이다.

준비물: 가위, 테이프, 스파게티면, 마시멜로(모둠당 1개), 실.

1. 유튜브에 있는 '마시멜로 챌린지' 영상을 30초까지 보여주고 시작한다.

https://youtu.be/J_NNMlnLOXA

중학생 VS 유치원생-마시멜로 챌린지! [심리실험]by마인드스파이
*이 콘텐츠는 미래창조부에서 주최한 제3회 글로벌 창의 콘텐츠 크리에…
youtu.be

2. 천장에 매달기 없음! 20분 동안 마시멜로를 제일 높은 층에 쌓는다.

3. 20분이 다 되면 손을 떼고, 돌아다니면서 교사가 자로 측정한다.

4. 남은 유튜브 영상을 시청하면서 '마시멜로 챌린지' 하면서 느낀 감정, 생각 등을 공유한다.

언제 20180407 영재학급 창의수학 첫 수업을 다녀와서.

어디서 집에서

무엇을 엄마 아빠와 딸기 찹쌀떡을 해보았습니다. 마시멜로우 대신 딸기를 행복이라 여기며 활동했습니다. 행복은 미래보다 현재진행형이라는 점에 큰무게 가족은 동의하며 활동 중간중간 행복의 딸기도 맛있게 먹어가며 행복한 시간을 보냈습니다. 좋은 시간 길게 해주신 선생님께도 감사드려요. 선생님도 행복하세요.

이 게임은 다음과 같은 효과가 있다.

● 위 후기처럼 집에서 가족들과 할 정도로 흥미가 넘치는 활동이다. 팀빌딩 활동으로서 제격이다.

● 수업 후 교실 정리도 핵심이다. 스파게티 면 조각들이 여기저기 흩어져 있는 건 정말 치우기가 힘들다. 아이들이 가고 나서 교실 청소만 30분 넘게 걸렸다. '스파게티면을 조각내지 않기'라는 규칙을 넣으면 해결할 수 있을 것 같다.

● 이 활동의 '의미'를 아이들과 함께 공유하는 것이 중요하다. 이 활동 전에 '협동에서 꼭 필요한 것과 하지 말아야 할 것'을 공유한 후에 '결과와 상관없이 꼭 필요한 것만 실천하면서 해보자'라고 시작을 했었다. 비록 높고 낮음의 차이는 있었지만 '20분 동안 즐겁게 협동한 그 자체가 우리가 공부한 거다!'라고 '협동'에 의미를 두고 마무리했다.

'초간단 교실컬링'으로
교실에서 즐겁게 운동하기

　　3월에 아이들과 지속적으로 할 수 있는 교실놀이로 '초간단 교실컬링'을 추천한다. 이 활동은 간단한 준비물만으로 교실에서 다 같이 즐겁게 운동할 수 있다는 장점이 있다. 활동 방법은 다음과 같다.

준비물: 마스킹테이프, 플라잉디스크(학급별 인원에 따라 개수 조절/ 4인×4팀 토너먼트 진행 시 8개 필요)

1. 적당한 거리에 마스킹테이프로 컬링판을 그린다. 위 사진처럼 가장 센터에 엑스표시를 해서 중앙에 가장 가깝게 놓는 규칙으로 게임을 간단하게 진행할 수도 있지만, 컬링판을 과녁모양처럼 해서 1, 3, 5점으로 하면 훨씬 더 재미있게 할 수 있다.

2. 출발선을 마스킹테이프로 그린다.

3. 플라잉디스크를 날리지 않고 땅으로 밀어서 컬링하듯이! X자에 가장 가깝게 놓은 팀이 승리한다.

실제로 이 활동을 해보니 하면 할수록 경쟁과 협업 분위기가 만들어지는 교실놀이였다. 또한 운동 능력과 상관없이 누구나 실력을 발휘할 수 있는 게임이라 뜻밖의 고수들이 등장한다. 이때 교사가 칭찬 한마디를 하면 아이의 자기존중감이 높아진다.

'Tic Tac Toe'로 몸으로 하는 삼목 즐기기

      체육시간 몸풀기 게임 또는 교실놀이로 제격인 Tic Tac Toe이다. 이 놀이는 뉴스포츠 종목으로도 유명하며, 훌라우프 9개와 팀별로 같은 색의 천 또는 손수건 3장씩만 있으면 언제 어디서든지 할 수 있는 게임이다.

https://www.youtube.com/watch?v=IRDp5HcZyVA

1. 훌라우프를 3×3으로 설치한다.

2. 팀을 두 팀으로 나누고 각각 한 줄로 세운다. 그리고 앞에 있는 세 사람은 손수건을 1장씩 잡는다.

3. 선생님의 신호와 함께 출발한다. 자신이 원하는 곳에 빠르게 달려가 손수건을 놓고 온다.

4. 네 번째 사람부터는 자기 팀의 손수건을 이동시킬 수 있다.

5. 이렇게 진행해서 1줄 빙고를 먼저 만든 팀이 이기는 게임이다.

이 게임의 경우 영상을 보면 금방 이해할 수 있기 때문에 영상 시청을 추천하며, 체육시간의 몸풀기 활동으로도 효과적이라 학급에서 틈틈이 즐기면 좋을 놀이이다.

'발피구'로 교실에서 피구 즐기기

피구는 아이들이 좋아하는 공놀이의 대표주자이다. 하지만 비가 오거나 강당을 사용하지 못할 때에는 할 수 없기 때문에 시간적, 공간적 제약이 있다. 다양한 변형 피구 놀이 중 발피구를 교실놀이로 정해서 할 수 있다.

1. 마스킹테이프로 큰 사각형을 그려 경기장을 만든다. 사각형 밖에 있는 사람들이 공격팀, 안에 들어가 있는 팀이 수비팀이다.

2. 제한 시간(2~3분) 안에 공격팀이 사각형 안에 있는 수비팀을 맞히는 게임이다. 맞힌 사람의 수만큼 점수를 획득하며, 제한 시간이 끝난 후에는 공격과 수비를 교대한다.

3. 피구와 다른 점이 있다면 아웃으로 인정되는 신체 부위이다. 무릎과 발 사이에 맞으면 아웃이고 무릎 위로 맞으면 아웃이 아니다. 따라서 공을 띄우면 불리하기 때문에 공격팀은 최대한 공을 땅에 가까이하여 공격한다.

https://blog.naver.com/paseman01/221307002786)

발피구를 하면 평소 피구에서 공을 잡을 수 없었던 아이들도 만질 수 있는 기회들이 생긴다. 하지만 진행을 하다 보면 장난기가 발동한 아이들은 머리나 몸을 맞히려고 한다. 그런 경우를 대비해서 머리나 몸을 맞힐 때마다 '상대편 한 사람 부활하기' 같은 규칙을 정하면 교사가 우려하는 상황을 많이 줄일 수 있다.

'마피아 술래잡기'로
긴장감 넘치는 술래잡기 하기

아이들은 긴장감 있는 게임을 좋아한다. 예를 들면, 놀이의 역할을 정할 때 눈을 감고 누군가를 선택하게 하면 그 긴장감 자체를 즐긴다. 이런 것을 고려해서 술래잡기를 하되 술래를 모르는 상태에서 하는 '마피아 술래잡기'를 할 수 있다.

1. 학생들을 강당이나 운동장 한가운데에 모이게 한 후 앉은 채로 눈을 감고 고개를 숙이게 한다.

2. 교사는 돌아다니면서 마피아를 정한다. 마피아를 정할 때는 뒷목이나 등을 살짝 쳐준다.

3. 교사가 "마피아 확인!"이라고 외치면 마피아들만 조용히 고개를 들어 서로 팀인 것을 확인한다.

4. 교사가 "전체 일어서!" 하고 외친 뒤 5초를 센다. 학생들은 술래가 누구인지 모른 채 5초 동안 안 잡히기 위해 여기저기 도망다닌다.

5. 5초 카운트가 끝나면 본격적인 술래잡기가 시작된다. 제한 시간(1-2분)

내에 마피아들이 일반인들을 다 잡으면 마피아 승리! 그렇지 않으면 일반인들 승리이다.

마피아 술래잡기는 체육시간 준비운동으로 최고인 활동이다. 아이들에게 운동장 돌기 또는 강당 돌기를 하게 하는 것보다 훨씬 더 많은 양의 운동을 하게 할 수 있다. 흥미도도 높고 실제로 해보면 학생들이 엄청나게 '헉헉' 거리면서 뛰어다니는 모습을 볼 수 있다.

하지만 술래를 모른다는 것 때문에 게임 규칙을 어기고 장난을 치는 학생들이 생긴다. 그래서 다음과 같은 규칙을 정하는 것이 필요하다.

▶ 터치는 마피아만!
터치는 오로지 '마피아'만 할 수 있다. 일반인들까지 터치하게 하면 마피아인 척 장난치는 아이들이 너무 많아져서 싸움이 일어날 수 있으므로 반드시 지켜야 하는 규칙이다.

▶ 뛸 수 있는 장소 제한
장소 제한을 안 하면 운동장에 있던 아이들이 학교 실내로도 들어가고, 강당에 있던 아이들이 체육 교구실로 들어가는 등 통제하기가 어려워진다. 강당 안, 운동장 라인 안 등 장소를 제한하는 것이 필요하다.

신기하게도 너무나도 간단한 이 게임을 아이들은 계속 하자고 조른다. 준비운동으로 2~3판만 해서 학생들에게 여운을 남기는 밀당을 해주면 효과가 더 좋다.

'쁘띠바크(Petit Bac)'로 머리 쓰는 교실놀이 하기

    쁘띠바크는 프랑스 언어로 '작은 수능'이라는 뜻이다. 어휘력을 높이기 위해 프랑스 학교에서 꾸준히 하는 활동이라고 한다. 이를 활용하여 교실놀이에 적용할 수 있다. 쉽게 말하면 '주제별 초성게임'이라고 보면 된다.

http://tv.naver.com/v/1885716

1. 진행자가 ㄱ~ㅎ 중 초성 하나를 제시한다.

2. 모둠원들은 제시된 초성으로 시작되는 단어들을 주제에 맞게 종이에 생각나는 대로 동시에 쓴다.

3. 먼저 주제에 맞는 단어들을 다 채운 팀은 '정답!'이라고 외친다.

4. 정답을 외친 팀의 대표 한 사람이 단어들을 하나씩 말해나간다(예: 식물의 '장미', 동물의 '제비'…).

5. 다른 모둠들이 없는 단어를 말하게 되면 1점을 획득하며, 말한 단어가 다른 모둠에 있는 경우에는 정답을 외친 모둠은 0점, 그 단어가 있는 다른

모둠들 모두 1점을 얻는다.

6. 주제와 맞지 않은 단어를 제시한 경우 정답을 외친 모둠의 단어들은 모두 초기화 된다. 그리고 다른 모둠에게 다시 기회를 주며, 이때 다른 모둠은 앞의 모둠이 얘기했던 단어들을 사용할 수 있다.

이 게임은 단지 놀이뿐만 아니라 다른 교과에도 적용할 수 있는 좋은 게임이다. 국어과 어휘력 향상, 사회과의 단원 정리 활동 등 다양한 곳에 쓰일 수 있다. 또한 아침활동으로 꾸준히 하더라도 '어휘력' 향상에 큰 도움이 된다.

실제로 아이들이 쁘띠바크를 쉬는 시간에 즐거하는 걸 자주 보았다. 스스로 주제들을 변형하여 연예인 이름, 아이돌 이름을 넣어서 하는 등 교실놀이로서 큰 역할을 한다.

'돈까스'로 교실에서 전래놀이 하기

　　우리 전래놀이 중에 교실놀이로 적합한 것들이 있다. 그 가운데 하나가 '돈까스'이다. '돈까스'는 교실 운동장을 만들어 할 수 있는 즐거운 전래놀이이다. 교실 운동장은 책상과 의자를 교실의 가장자리에 밀어서 만든다. 순발력과 판단력이 필요하고 몸을 많이 움직이는 활동이어서 학생들이 좋아하는 놀이이다.

https://paseman01.blog.me/221360057013

1. 1m 정도의 원을 그린다.

2. 5~6명 정도를 놀이하는 사람으로 하여 가위바위보로 순서를 정한다.

3. 1등은 원을 향해 뛰어가서 '돈' 하고 외치며 외발 상태로 원 안에 선 뒤 원 밖으로 한걸음 뛰어나오면서 '까스' 하고 외친다. 이때 발모양은 모둠발로 땅을 밟는다.

4. 순서대로 '돈까스' 하면서 뛰는데 '까스' 동작에서 다른 사람의 밟을 밟는다. 이때 밟힌 사람은 죽는다. 끝번까지 하고 나면 다시 1등부터 하며 나머지는 1등을 따라한다(이때 할 수 있는 동작은 '돈까스'와 '까스'이다. 돈까스는 '돈' 상태는 외발로 원 안에 있고, '까스' 상태는 깨금발 상태에서 한 번을 뛰어 모둠발을 딛고 있는 상태이다).

5. 다른 사람을 죽이는 방법은 돈까스를 통해 상대방이 '돈' 하고 원 안으로 뛸 수 없도록 방해하거나 '까스'를 통해서 방해하거나, '까스'를 통해 발등을 밟는 것이다. 원의 선을 밟으면 죽는다.

6. 이렇게 진행하여 마지막에 남는 한 명이 최종 승자가 되어 1등이 되고 늦게 죽은 순서대로 차례가 되어 진행한다.

이 놀이를 할 때 소인수 학급은 학급 전체가 할 수 있지만, 다인수 학급은 안전상의 문제가 생길 수도 있다. 따라서 교실 공간을 둘로 나눈 후 모둠별 대항전 형태로 진행하면 최대한 여러 사람이 참여하면서도 안전상의 문제를 해결할 수 있다.

Chapter 3

수업으로
마음 흔들기

자기존중감수업으로 마음 흔들기

학생들에게 '너의 장점이 뭐라고 생각해?'라고 물어보면 쉽게 대답할 것 같지만 그렇지 않다. 그리고 그것을 단어나 문장으로 쓰라고 하면 더더욱 어려워한다. 아이들은 학교에서 다양한 수업과 행사 등을 통해 학습(學習)을 한다. 하지만 아이들의 입장에서 하루 일과를 생각해보면 '배우는'(學) 활동은 많이 하지만, 그것이 나에게 어떤 도움이 되었는지, 앞으로 어떻게 실천할 것인지 스스로 돌이켜보는 '익히는'(習) 활동이 부족하다.

자기존중감도 이와 같은 맥락이다. 아이들 스스로가 '나는 어떤 사람이지?', '나는 무엇을 잘하지?', '나의 강점은 무엇이지?'와 같은 생각을 해볼 시간을 확보해서 스스로에 대해 생각해보고 자기존중감을 높일 수 있는 기회를 제공해주어야 한다.

아리스토텔레스는 '인간은 행복해지기 위해 산다'고 했다. 아이들이 학교에서 행복을 찾기 위해 자신의 장점을 가지고 몰입할 수 있는 환경을 만들어주는 첫 과정은 바로 '자기존중감 높이기'이다.

포스트잇 1장으로 자기존중감 확인하기

교사는 1분 타이머를 준비하고 학생들에게 포스트잇을 1장씩 나누어준다. 그런 다음 "내가 생각하는 나의 장점을 단어든, 문장이든 마음껏 적어보세요. 단, 제한 시간은 1분입니다."라고 안내하고 활동을 시작한다. 학급마다 편차가 있겠지만, 이 활동을 처음 하면 대부분의 아이들은 잘 적지 못한다. 평소 자신의 장점을 생각해보거나 그런 시간을 가진 적이 별로 없기 때문이다. 따라서 처음 할 때에는 학급 상황에 맞게 시간을 더 주거나 해서 충분히 생각할 기회를 준다.

이때 교사가 자신의 예를 들어주면 효과적이다. "선생님은 모든 사람들에게 밝게 인사하는 것이 장점이야.", "선생님은 패션에 관심이 많아서 옷을 잘 입어. 이렇게 어떤 것이든 좋으니 편하게 장점을 써 봐!"라고 친근하고 편한 분위기를 조성해주면 아이들이 적극적으로 쓰기 시작한다. 주의할 점은 아이들이 장점을 못 쓴다고 나무라거나 부정적인 언행을 하게 되면 오히려 역효과가 날 수 있기 때문에 '무조건적인 허용'을 할 수 있는 넓은 마음과 따뜻한 표정, 편한 분위기를 조성하는 것이 필요하다.

이렇게 포스트잇 1장으로 1분 동안 장점 쓰는 활동을 일주일에 1번, 2주일에 1번 등 주기적으로 하다 보면 지속적으로 진행했는데도 여전히 쓰지 못하는 소수의 학생들이 눈에 띄기 시작한다. 이 학생들은 자기존중감이 낮을 수 있으니 상담을 해보는 것이 좋다. 더불어 이 학생들에게 하루에 한 번씩 잘한 점을 꼭 칭찬하는 루틴을 만들어 실행하면 자기존중감이 높은 교실을 만드는데 큰 도움이 된다.

개인적으로 학생들을 칭찬하기에 좋은 시간은 급식시간에 배식 받을 때이다. 배식 받는 마지막에 교사가 서서 "○○야, 오늘 중간놀이 시간에 교실에 있는 놀이기구들 정리해줘서 너무 고마워. 맛있게 먹어."라고 한마디씩 칭찬을 해주거나, 최소한 '○○야, 밥 맛있게 먹고 남은 시간 힘내자!'라는 짧은 격려 한마디만 해줘도 자기존중감을 높이는 데에 큰 도움이 된다.

포스트잇 1장으로 아이들의 자기존중감을 확인하고, 높일 수 있는 나만의 칭찬 루틴을 만드는 것은 교사와 학생의 신뢰감을 쌓는 쉽고 간단한 방법이다.

'장점샤워'로 칭찬이 가득한 긍정적 학급 분위기 만들기

앞서 언급한 '포스트잇 1장에 1분 동안 장점쓰기'에 이어서 할 수 있는 장점샤워는 학급의 분위기를 짧은 시간 안에 밝게 만들 수 있는 자기존중감 향상 활동이다. 활동은 다음과 같이 진행된다.

1. 포스트잇에 1분 동안 장점을 쓴다.

2. 주변 친구들에게 보이지 않게 내 최고의 장점 1개에 동그라미를 친다.

3. (4인 1모둠 기준) 장점샤워를 받을 학생을 정한다. 나머지 3명의 학생은 정해진 학생의 동그라미 친 장점을 맞히기 위해 1분 동안 계속 칭찬을 한다.

4. 예를 들어, '친절하다'에 동그라미를 쳤으면 나머지 학생들이 순서에 상관없이 '잘생겼다', '옷을 잘 입는다', '성격이 밝다' 등 계속 칭찬을 한다.

5. '친절하다'라는 정답이 나와도 1분 동안 포커페이스를 유지하며 계속 칭

찬을 듣는다.

6. 1분의 시간이 되면 정해진 학생은 "내 최고의 장점은 '친절하다'야."라고 정답을 공개한다.

7. 나머지 학생들도 돌아가며 1분씩 장점샤워를 진행한다.

이렇게 1분 타이머, 포스트잇 그리고 5분이라는 시간만 투자하면 칭찬으로 가득한 학급 분위기를 만들 수 있다. 처음 활동할 때는 장난기가 많은 아이들이 놀리는 말투로 칭찬하는 경우가 있을 수 있다. 이럴 때에는 진심으로 칭찬을 해서 우리 학급의 분위기를 밝게 하는 것이 목표라는 것을 알려주고, 상대방의 기분을 상하게 하는 언행은 하지 않도록 지도한다.

장점샤워를 월요일 아침활동, 1교시를 여는 활동 등으로 지속적으로 하다보면 하나의 문화로 자리잡혀 학급의 긍정적 분위기를 형성하는데 도움이 된다.

하지만 이 활동을 할 때 교사가 유심히 지켜봐야 할 학생들이 있다. 바로 '즐겁게 참여하지 못하는 학생'들이다. 이 학생들은 현재 자신을 억누르고 있는 고민거리가 있을 가능성이 높다. 예를 들어, 학원 숙제를 다하지 못해 부모님께 잔소리를 많이 들어 속상한 경우, 등굣길에 친구와 싸워서 기분이 안 좋은 경우 등이다. 이때 교사가 '무슨 일 있니?'라고 물어보면 처음에는 대답하지 않지만 시간이 지나 다시 물어보면 자연스럽게 이야기할 수 있는 상황이 생긴다. 이때 교사가 위로와 격려의 한마디를 해주면, 학생의 입장에서는 '우리 담임선생님은 내 감정을 알아주는구나!'라는 신뢰감이 생긴다.

이렇게 학생끼리 장점샤워를 통해 칭찬 가득한 학급 분위기를 만들고, 교사와 학생이 대화를 통해 고민을 해결할 수 있는 꾸준함이 생기면 자연스럽게 자기존중감이 높은 학급을 만드는데 큰 도움이 된다.

단점을 장점으로 만들기

세계적인 축구선수 리오넬 메시는 어렸을 때 키가 크지 않는 희귀병을 앓았다고 한다. 구단의 전폭적인 지지 속에 조금씩 성장했지만, 현재 키 169cm로 축구선수로서는 굉장히 작은 편이다. 하지만 그는 작은 신장을 이용한 폭발적인 스피드, 화려한 드리블 능력으로 세계적인 축구선수가 되었다. 단점을 오히려 장점으로 바꾸어 성공한 것이다. 이런 사례는 인터넷 검색을 해보면 쉽게 찾을 수 있다.

하지만 이런 사례들을 들려주는 것만으로는 아이들의 자기존중감을 높여주는데 2% 부족하다. 그래서 학생들의 단점을 장점으로 바꾸어주는 활동을 진행하면 자기존중감을 높이는데 큰 도움이 된다.

1. 포스트잇 1장 또는 투표용지 크기 종이 1장에 내가 바꾸고 싶은 나의 단점을 쓰게 한다.

2. 단점을 쓴 종이를 투표함에 집어넣는다.

3. 교사는 랜덤으로 투표함에서 종이를 1장 뽑아 라디오 DJ가 된 것처럼 사연으로 읽어준다. 예: "○○의 사연입니다. ○○의 고민은 '저는 한 번 한 일을 끝까지 못하는 단점이 있어요. 친구들아, 이 단점을 장점으로 바꿔줘.'"

4. 사연을 들은 다른 친구들이 장점으로 바꾸어주는 말을 한다. 예: "○○는 나쁜 일을 끝까지 안 할 거니깐 평생 착한 사람으로 살겠다!"

5. 소인수 학급의 경우 이렇게 1명씩 돌아가면서 이야기하고, 다인수 학급의 경우 3~4명 정도 진행한 후 댓글쓰기 활동으로 대체한다.

이렇게 수업을 진행하면 자신의 단점이 장점이 될 수 있다는 것에 아이들은 안심하면서 뿌듯해한다. 다만, 다인수 학급의 교사는 부지런하게 순회 지도를 해서 아이들이 장난 식으로 댓글을 쓰지 않도록 지도해야 한다. 간혹 장난 식으로 써서 상처 받는 친구들이 있기 때문에 유심히 살펴보는 것이 중요하다.

또 다인수 학급에서 댓글쓰기를 미션(예: 5명 댓글 달아오기)으로 진행하면 인기 있는 친구들에게 몰리는 경우가 생긴다. 이때 댓글 숫자가 적은 학생의 종이에 선생님이 댓글을 써주면 아이들이 궁금해하면서 그곳으로 몰려온다. 따라서 댓글 숫자가 적은 학생들을 파악해서 교사가 함께 활동을 하는 것이 필요하다.

공감수업으로 마음 흔들기

'공감'은 '나는 당신의 상황을 알고, 당신의 기분을 이해한다'처럼 다른 사람의 상황이나 기분을 함께 느낄 수 있는 능력을 말한다. 성인의 입장에서 '공감' 능력은 너무나도 당연한 것처럼 여긴다.

하지만 아이들은 그렇지 않다. 콜버그의 도덕성 발달이론에 비추어 봤을 때 공감능력은 3, 4단계가 속해 있는 '제2수준: 인습 수준'에서 나타난다. 초등학생 고학년이 되어야 3단계 수준에 진입할 수 있는 단계로 가기 때문에 저학년, 중학년 학생들에게 '공감' 능력을 요구하는 것은 무리일 수도 있다.

하지만 '공감'은 연습이다. 시간이 지나서 어느 순간 저절로 발현되는 능력이 아니라 꾸준한 연습과 실천을 통해 발현될 수 있는 능력이다. 운동선수가 기초 기능을 선수생활이 끝날 때까지 중요하게 여기고 매일 연습하는 것처럼, 공감능력도 매일 연습하고 실천할 수 있는 교실 분위기를 만들어주는 것이 중요하다.

남을 공감하기 전에 나 스스로를 공감하자

현재 내가 무엇을 고민하고 있고, 무엇을 좋아하고 있는지, 무엇을 사랑하는지 등 스스로를 알아보고, 공감할 수 있어야 한다. 나 자신을 공감하지 못한다면 남을 공감할 수 없다. 공감의 첫걸음은 '나 스스로를 내가 먼저 공감'해주는 것이다.

하지만 이는 성인들에게도 쉽지 않은 과정이다. 학생들에게 이것이 익숙해지게 하기 위해서는 '뇌 구조 그리기'와 '고민 상자 적어보기' 활동이 효과적이다. 1~2주에 1번씩 진행하면 좋다.

1. '뇌 구조 그리기' 학습지를 학생들에게 나누어준다. 뇌 구조에는 나눠진 크기만큼 현재 내가 중요하게 여기는 것, 고민, 기억에 남는 추억 등 어떤 것이든 적게 한다. 단, 단어로 쓰면 그 단어를 긍정적으로 보는지, 부정적으로 보는지 알 수 없기 때문에 문장으로 쓰도록 지도한다. 예를 들면, '나는 가족을 정말 사랑합니다', '수학 공부가 어려워서 고민입니다'처럼 쓰는 것이다.

2. 뇌 구조를 다 그리면 자신이 쓴 것을 살펴볼 수 있게 1분 정도의 시간을 준다.

3. 나의 뇌 구조를 보고 난 후에 '고민상자' 학습지에 나를 억누르고 있는 고민을 적는다. 보통 초등학생들은 깊게 생각하지 않고 바로 '없음'이라고 쓰는 경우가 많다. 3분 정도 곰곰이 생각해볼 수 있게 편안한 분위기를 조성해주고, 3분이 지나도 없다 싶으면 '없음'으로 써도 된다고 안내한다.

4. '고민상자'를 다 쓰면 교사가 편안한 분위기 속에서 고민을 털 수 있게 전체 진행을 한다. 모둠별로 고민을 나누라고 하면 드러내기 싫어하는 학생

들이 거의 대부분이다. 이럴 때에는 "혹시 내 고민을 반 친구들에게 말해서 조언을 듣고 싶은 친구 있나요?"라고 물어본다. 그러면 자연스럽게 발표하고 싶어 하는 학생이 1~2명 정도 손을 든다. 그 학생들의 고민을 듣고, 다른 학생들이 조언을 하게 하면 자연스럽게 '나랑 비슷하네.'라고 공감하게 된다. 예를 들면, '동생과 자주 싸워서 힘들다.'라는 고민은 동생이 있는 초등학생들은 쉽게 공감한다. '수학이 어렵다.'는 수학을 어려워하는 학생들에게 공감이 되는 고민이다.

이렇게 내 마음 상태가 어떤지 '뇌 구조 그리기'를 한 뒤에 나의 고민은 무엇이며, 친구의 고민은 어떤 것인지 서로 알아보는 '고민상자 적어보기' 활동을 하면 자기 스스로를 돌아보며 자신의 상태를 알게 되고 동시에 타인에게 자연스럽게 공감할 수 있는 교실 분위기를 만들 수 있다.

더 나아가서 이 활동을 지속적으로 하여 '뇌 구조 그리기'와 '고민상자' 학습지를 학생별로 모아두면 학생들을 개별적으로 알아가는데 도움이 되고, 학부모 상담 주간 때 상담자료로 활용하면 좋다. 학부모 상담 시 아무 자료 없이 면대면으로 만났을 때의 어색함과 대화를 이어나가는 데 어려움을 겪었다면 이 자료를 활용해보라고 권하고 싶다.

공감은 연습이다

상대방을 공감하는 것은 앞서 말했듯이 꾸준한 연습이 필요하다. 이를 위해 '공감단어'를 학급에서 약속하고 매일 연습할 수 있는 환경을 만들어주는 것이 중요하다. '공감단어'는 실제로 학생들이 평소에 자주 쓰는 단어들이기 때문에 어렵지 않게 연습할 수 있다. '공감단어'를 약속한 예시는 다음과 같다.

(엄지손가락을 내밀면서) **멋진데!**

(양손의 엄지손가락을 번갈아 내밀면서) **짱!짱!짱!**

(두 손을 모으면서) **대~~박!**

(손을 입으로 올리면서) **진~~짜?**

1. 교사가 여러 가지 상황을 주면서 "선생님이 말하는 것에 자기가 마음에 드는 공감단어로 공감해주세요. 꼭 손동작과 함께 공감을 해주세요."라고 하면서 여러 가지 상황을 제시한다.

   예1) 교 사: 선생님은 최근에 아들이 태어나서 너무 행복해요!
   학생들: (두 손을 모으면서)대~~박!
   예2) 교 사: 선생님은 우리 반 친구들이 밝고 건강하게 학교생활을 해줘서 너무 뿌듯해요.
   학생들: (손으로 입을 올리면서) 진~~짜?

2. 이렇게 공감단어를 연습한 후에 자신이 공감 받고 싶은 것을 포스트잇 1장에 한 가지 이상 적게 한다. 이때 학생들이 쓰기를 어려워할 수 있으므로 교사가 예를 들어주면 좋다.

   예) 아침에 선생님이 숙제 잘했다고 칭찬해줬다, 어제 가족들과 외식해서 너무 좋았다 등.

3. 모둠활동으로 돌아가면서 포스트잇에 쓴 것을 발표한다. 이때 나머지 사람들은 발표를 듣고, 그 상황을 무조건 공감단어를 사용하면서 공감해줘야 한다.

4. 이렇게 진행하고 나서 전체 활동으로 '모든 친구들에게 공감 받고 싶은 사람은 손을 들어 발표해주세요.'라고 교사가 진행한다. 이런 활동을 통해 전체 학생들이 공감단어를 연습할 수 있다.

5. 마지막으로 실생활 속에서 공감단어를 어떻게 실천할지 다짐을 쓰는 활동을 한다. '공감단어를 하루에 5번 이상 사용하겠다.', '친구의 말에 공감단어를 쓰면서 대답해주겠다.' 등 학생들이 실생활 속에서 실천할 수 있는 분위기를 조성해준다.

이렇게 공감단어를 꾸준히 사용할 수 있는 환경을 만들어준다면 학생들이 상대방의 기분과 상황을 이해하려는 태도 변화가 차츰 생겨나기 시작한다. 위의 예시 이외에도 일주일에 1개, 한 달에 1개처럼 우리 학급의 공감단어를 하나 설정해서 꾸준히 사용할 수 있게 하면 공감하는 학급 분위기를 형성할 수 있다.

우리 학급의 최근 공감단어는 '그럴 수 있어'이다. 친구가 실수했을 때, 힘들어할 때 그 친구에게 훈계를 한다거나 억지로 해결하려고 하기 보다는 '그럴 수 있어'라고 한마디 먼저 해주는 것이 이 달의 약속이었다. 이렇게 학급에서 공감단어를 꾸준히 지속적으로 사용하게 하면 '행복한 학급'을 만들 수 있다. 공감은 연습이다.

질문으로 몰입하기

질문은 훈련이다. 학생들이 스스로 질문을 만들 줄 알고 질문의 주도
권을 가져야 교실에 질문이 가득하고 학생들도 몰입하게 된다. 그리고 스
스로 질문하고 설명하는 것이 나와 상대방 모두에게 유익하다는 것을 깨
달아야 한다. 질문 만들기와 주도권 넘기기의 시작은 우선 텍스트를 정확
하게 읽는 것부터 시작한다. 다양한 방식의 소리내어 읽기를 통해 텍스트
를 정독한 후 본격적인 질문 만들기를 시작한다.

질문 만들기를 하는 방법에는 다양한 방법이 있지만, 가장 많이 사용
하는 3단계 만들기로 연습해보도록 하자. 사실질문 만들기, 생각질문 만
들기, 적용질문 만들기가 그 3단계이다. 도종환 시인의 〈담쟁이〉라는 시
를 예로 사용하고자 한다.

저것은 벽
어쩔 수 없는 벽이라고 우리가 느낄 때

그때

담쟁이는 말없이 그 벽을 오른다.

물 한 방울 없고 씨앗 한 톨 살아남을 수 없는

저것은 절망의 벽이라고 말할 때

담쟁이는 서두르지 않고 앞으로 나아간다.

질문 만들기

1단계는 사실질문 만들기이다. 단어의 뜻, 사실을 파악하는 것을 주로 묻는 질문으로 구성된다. '담쟁이는 무엇인가요?', '담쟁이는 어디를 넘고 있나요?' 등의 질문을 할 수 있다. 이 사실질문 만들기 단계에서는 '누가, 언제, 어디서, 무엇을, 어떻게'에 관련된 사실을 확인하는 질문 만들기를 연습하는 과정이다.

이런 1단계 질문 만들기 훈련이 되면 이제 2단계는 사고확장 단계인 생각질문 만들기이다. 문장의 독특한 표현, 느낌, 그리고 의견 등을 물어볼 수 있다. '왜 어쩔 수 없는 벽이라고 했을까요?', '담쟁이는 지금 어떤 기분일까요?', '당신은 평소에 어쩔 수 없는 벽이라고 느낀 적이 있나요?' 등의 질문을 할 수 있다. 이 단계에서 학생들이 어려워하면 문장의 시작을 '왜'로 하면 생각을 물어보는 사고확장 질문이 될 수 있다는 것을 이야기해 주면 좋다. 학생들과 질문 만들기 수업을 하다 보면 재미있는 일들이 많이 벌어지는데, 특히 학교에서 있었던 일, 자신의 일상과 관련된 이야기가 많이 나온다.

우리 반 아이들과 질문 만들기를 하던 중 한 아이가, "너는 평소에 어쩔 수 없는 벽을 느낀 적이 있어?" 라고 묻자 앞에 앉아 있던 남자아이가 "나는 매일 느껴!"라고 답을 한 것이다. 교사로서 우리 반이 이 아이에게 어쩔 수 없는 벽처럼 힘든 곳인가? 하는 미안한 마음에 따로 불러 상담을 했는데, 그 벽이 바로 자신의 엄마라고 대답했다. 초등학생이 감당하기에는 너무 버거울 정도로 많은 학원과 숙제들이 이 아이가 엄마를 벽으로 느끼게 하고 있었다. 상담 후 꼭 어머니와 통화를 해서 너에게 숨쉴 수 있는 자유의 시간을 마련해주겠다고 약속을 하고 어머니와 통화를 시도했다. "어머니 우리 ○○이가 어머니를 어쩔 수 없는 벽이라고 느낀대요."라고 시작한 통화에서 어머니는 아무렇지 않게 웃어넘기면서 이야기를 믿지 않았다. 그렇게 10분 정도 통화를 했는데, 나 또한 어쩔 수 없는 벽이 느껴졌다. 통화를 마무리하고 다음 날, 그 아이에게 교실에서 마음껏 자유를 누릴 수 있도록 최대한 배려하기로 약속했다. "나도 어제 어머니랑 통화하면서 어쩔 수 없는 벽을 느꼈어!" 서로 동병상련의 마음을 느끼며 그렇게 수업은 마무리되었다. 이렇듯 학생들은 수업이 안전하다고 느끼면 수업에 몰입하며 자신의 이야기를 아주 자연스럽게 꺼내놓는다.

질문에는 질문으로

마지막 3단계는 적용질문 만들기로 진행할 수 있다. 초등학교의 경우 생각질문 만들기 단계까지만으로도 충분히 깊은 대화를 나눌 수 있지만, 만약 학생들이 질문에 매우 잘 적응하고 더 깊은 대화를 나누고 싶어 한다면 적용질문 만들기를 진행한다.

'당신이 지금 넘고 싶은 벽은 무엇인가요?', '만약 당신이 벽이라면 담쟁이에게 무슨 말을 하고 싶나요?', '운명을 바꿀 수 있다고 생각하나요?' 등의 질문들을 많이 하곤 한다. 학생들이 이 적용질문 단계를 어려워한다면 질문의 맨 앞에 '만약에'라는 단어를 넣어보면 쉽게 만들 수 있다는 힌트를 준다.

그런데 이런 안전한 질문수업을 만들기 위해 꼭 지켜야 하는 2가지 원칙이 있다. 하나는 '절대 평가하지 않는다'이다. 우리 반이 6학년 교실이라고 모두 6학년이 모여 있는 것은 아니다. 누구는 4학년 수준일 수 있고 또 누구는 중학교 2학년 수준일 수 있다. 그런데 질문 수준이 낮다는 이유로 누군가에게 면박을 주고 비교를 한다면 그 아이에게 질문수업은 또 하나의 상처로 남게 된다.

이를 방지하기 위해서는 질문을 돌려가며 하도록 하게 한다. 아래 예시에서 자세히 안내하겠지만, 4인 모둠으로 이루어진 모둠에서 활동지를 시계방향으로 돌려가며 수업을 하면 아주 자연스럽게 스스로 자신을 평가하게 되고 더 잘하기 위해 노력하는 분위기가 만들어진다.

또 다른 원칙은 '질문에는 질문으로 답한다'이다. 학생들의 수없이 쏟아지는 질문에 선생님이 하나하나 답을 하기 시작하면 학생들은 선생님을 사전처럼 사용한다. 그것이 가장 편하기 때문이다. 그래서 학생들의 질문에는 질문으로 답하는 방식이 좋다. 만약 어떤 학생이 "선생님 담쟁이는 어떤 기분일까요?"라고 질문한다면, "와, 너무 좋은 질문이다. 너는 어떻게 생각하니?" 하며 질문을 질문으로 받도록 노력하는 식이다.

이렇게 질문 만들기 훈련을 하면서 만들어진 질문을 놀이와 연결하면 학생들이 더욱 쉽게 몰입하고 즐겁게 참여할 수 있다. 그래서 질문 만들기와 함께 수업에 몰입할 수 있는 질문놀이도 소개하고자 한다.

질문으로 놀아보자

● pick me 질문놀이

① 수업 진행과정 설명
② 픽미업 활동으로 핵심어 찾기
③. 핵심어 활용해 질문 만들기
④ 둘 가고 둘 남기로 질문 해결하기
⑤ 수업정리 및 reflection

교사가 개인의 철학을 기반으로 자신만의 수업 브랜드를 만드는 것은 매우 중요하다. 수업활동 역시 마찬가지이다. 어떤 제목으로 소개를 하느냐에 따라 학생들의 호기심과 동기를 유발할 수 있다.

한참동안 한 음악프로그램에서 프로듀서 101이 엄청난 인기를 끌었고 배경음악이 주목을 받은 적이 있었다. 그래서 개발된 픽미업 활동을 소개한다. 텍스트를 분석하고 질문으로 토론하며 종합하여 자신만의 지식을 재구성하는 수업에서 다양하게 활용할 수 있을 것이다.

1. 모둠원들과 함께 준비된 텍스트를 1분간 읽는다.

2. 텍스트를 덮고 떠오르는 핵심단어를 노트에 적는다.
    - 당연히 몇 개 못 적을 것이다.

3. 다시 한 번 기회를 주겠다고 말하고 1분간 다시 읽게 한다.

- 이제 학생들은 주의를 기울여서 읽는다.

4. 다시 텍스트를 덮고 핵심단어를 노트에 적는다.
   - 여기까지 진행하면 거의 대부분의 아이들이 잘 진행한다.

5. 마지막 기회를 준다고 하고 1분을 더 준다.
   - 이것은 느린 아이들을 위한 배려이다.

6. 이제 모둠원들과 함께 핵심단어라고 적은 단어들을 서로 이야기하며 진짜 핵심코어인 단어들을 뽑아서 그걸 포스트잇에 비주얼 씽킹으로 표현한다.

7. 방금 만들어진 포스트잇을 활용해 빈 8절지에 질문 만들기를 하는데, 반드시 핵심단어가 들어가게 질문을 만든다. 핵심단어는 직접 쓰지 않고 비주얼 씽킹으로 표현된 포스트잇을 붙이면 된다.

8. 완성이 되었으면 포스트잇을 전부 떼어서 스케치북 아래쪽에 일렬로 배치하고 모둠별로 둘 가고 둘 남기로 만든 질문지를 들고 옆 모둠으로 가서 묻고 답하기 게임을 실시한다.

9. 활동 중 왜 그렇게 생각하는지를 지속적으로 물어보며 진행하고 다 맞았으면 스티커를 제공한다. 1분씩 모든 모둠을 순회하고 자기 모둠으로 돌아온 후 활동을 마무리한다.

● 6×6 주사위 질문놀이

① 수업 진행과정 설명
② 3단계 질문 만들기
③ 6×6 질문판 만들기
④ 주사위로 질문 해결하기

⑤ 수업정리 및 reflection

6×6 질문놀이는 보드게임의 형태를 빌려 학생들의 흥미와 동기를 유발함과 동시에 질문을 학생들 스스로 만들게 함으로써 학습한 내용을 스스로 재확인하고, 또래 간에 학습할 수 있다는 장점이 있다. 먼저 4인 1모둠을 구성학고, 모둠원에게 각각 포스트잇을 제공한다.

1. 학생들은 각자 배운 내용을 바탕으로 질문카드 앞면에 3단계 문제를 출제하고 뒷면에 해당 답을 작성한다. 열린 질문의 경우 답은 비워 놓을 수 있다.

2. 다음으로 교사가 나누어주는 보드판에 각자 작성한 질문카드를 한 장씩 질문이 보이게 놓는다. 보드판은 가로*세로 6칸씩 구성된 정사각형으로 일반 보드판과 똑같다.

3. 질문판이 완성되었다면 각 모둠별로 자신들이 만든 질문 보드판을 옆 모둠으로 이동시킨다.

4. 학생들은 순서에 따라 주사위를 가로, 세로 두 번 돌려 해당 칸의 질문에 대답한다. 만약 해당 칸의 질문에 답을 정확히 말했다면 자신이 질문카드를 가져가고 그곳에 자신의 이름을 쓰고 자기 땅이 되는 것이며, 틀렸다면 다시 원상태로 돌려놓는다.

5. 일정시간이 지난 후 가로, 세로, 대각선 한 줄을 완성한 친구가 있으면 그 친구가 승리하고 만약 없다면 질문카드를 많이 소지한 학생이 승리하는 형태이다.

6×6 질문놀이는 먼저 교사가 기본적인 보드판을 제작해야 한다. 보

드판은 A3 사이즈로 제작한 후 코팅하여 계속 사용할 수 있으며, 질문카드 역시도 사이즈에 맞추어 제작한 후 코팅하여 사용할 수 있다.

6×6 질문놀이는 학생들이 지식과 이해 부분을 학습한 이후, 의견을 나누고 생각을 확장하는데 주로 사용한다. 학생들이 익히 알고 있는 보드게임 형태를 활용하여 수업을 진행함으로써 학생들의 흥미와 동기를 유발하고 동시에 깊게 생각하고 토론하는 효과가 있다. 또한 학생들 스스로 질문을 만들어내야 하기 때문에 학생들의 창의성을 유발하고, 교사의 관점이 아닌 학생들의 관점에서 다양한 질문이 나와 새로운 활력을 제공한다.

● **비씽 질문놀이**

① 수업 진행과정 설명
② 비주얼씽킹으로 그리기
③. 활동지로 질문 만들기
④. 수업정리 및 reflection

모둠별로 비주얼씽킹 카드를 개인별로 2장씩 제공한다. 포스트잇에 각자 1분 동안 자신의 비주얼씽킹 카드 그리기를 한다. 내가 표현한 비주얼씽킹 포스트잇을 학습지에 붙이고 1분이 지나면 내가 가진 카드를 시계 방향으로 옆 짝꿍에게 밀어주고 친구의 비주얼씽킹 카드를 받아 1분간 그리기를 한다. 같은 과정으로 총 4회 실시하면 개인당 총 8장의 포스트잇을 가지게 된다.

1. 내가 표현한 비주얼씽킹 카드 중 마음에 드는 2개의 카드를 선택 후 활동

지의 4구역에 붙이고, 비주얼씽킹 카드를 보면 떠오르는 키워드를 적은 후 그 키워드를 활용해 최근의 나의 감정이나 고민을 나타내는 문장을 만들도록 한다.

2. 문장이 완성되면 맵을 90도 회전한 후 친구가 쓴 문장을 자세히 읽고, 문장에 대한 사실 확인 질문 5개를 만들게 한다.

3. 완료하면 맵을 90도 회전한 후 친구가 쓴 문장과 사실 확인 질문을 정독한 후 상대방의 생각이나 의견을 묻는 질문 3개를 만들게 한다.

4. 완료 후 맵을 90도 회전하여 친구가 쓴 문장, 사실질문, 의견질문을 잘 읽은 후 적용, 종합질문 만들기를 한다. 마지막으로 90도 회전하여 자신의 문장이 자신에게 돌아오면 질문에 하나하나 답하며 나 스스로를 돌아보는 시간을 갖는다.

활동이 끝나면 모둠별로 성찰하기를 통해 그날 배운 걸 자기만의 글로 정리한다. 이때 학생들이 쉽게 성찰할 수 있도록 성찰의 뼈대를 제공해주면 효과적이다. 이것을 '스토리 스파인'이라고 한다. 말 그대로 이야기의 뼈대를 제공해주는 것이다. 즉, 학생들에게 오늘 배운 내용을 스스로 정리할 수 있는 틀을 주는 것이다. "오늘 우리가 배운 점은… 그 활동을 통해 내가 느낀 것은… 앞으로 내가 실천 할 점은… " 같은 뼈대를 제공해주어 누구나 쉽게 자신만의 글로 정리할 수 있는 기회를 만들어준다.

● 베이스볼 골든벨 질문놀이

① 수업 진행과정 설명
② 핵심어 활용해 질문 만들기
③ 베이스볼 골든벨로 질문 해결하기

④ 수업정리 및 reflection

　　학교현장에서 수업 마무리 활동으로 가장 많이 활용되는 수업활동이 골든벨이라고 생각한다. 그러나 기존의 골든벨 활동은 문제 출제부터 교사가 준비해야 할 내용이 많고, 또한 수업활동 중에도 탈락 등으로 인해 집중이 깨지는 경우가 발생한다. 학생들이 직접 출제한 질문으로 시작하고, 단 한 명도 소외되지 않는 베이스볼 골든벨 활동으로 몰입하는 수업을 만들 수 있는 방법을 소개한다.

1. 모둠원들과 함께 핵심단어를 노트에 적는다.
2. 핵심단어를 활용해 질문 활동지에 질문 만들기를 한다.
   - 질문 활동지 뒤쪽에는 질문에 대한 답을 적는다.
3. 모둠별로 만들어진 질문지를 수합하여 골든벨 통에 넣는다.
4. 책상 배치를 ㄷ자로, ㄷ자 안쪽은 홈으로 하고 1루, 2루, 3루를 지정한다.
   - 대부분의 아이들이 야구의 규칙을 알고 있지만 한 번 더 설명해준다.
5. 골든벨 통의 문제를 뽑아 문제를 출제하고 학생들은 골든벨 판에 정답을 적는다.
   - 이때 같은 베이스에 있는 친구들은 서로 협력할 수 있다.
6. 일정 시간이 지나면 골든벨 판을 들고 정답을 확인한 후 맞힌 사람들은 다음 베이스로 이동한다.
   - 홈에서 1루, 1루에서 2루 등으로 이동한다.
7. 정답을 여러 개 적어야 하는 문제는 맞힌 정답 개수에 따라 진루할 수 있도록 하면 더욱 몰입하게 된다.
   - 예를 들어, 3개의 답을 적었으면 3루타가 되는 것이다.

8. 골든벨 통의 문제를 전부 해결하면 자기 모둠으로 돌아오고, 모둠별로 자신이 획득한 점수를 통계한 후 활동을 마무리한다.

● **기차 질문놀이**

　① 수업 진행과정 설명
　② 질문 만들고 피라미드 놀이
　③ 질문 카페로 토론하기
　④ 수업정리 및 reflection

　　교사 주도의 토론수업은 자칫 학생들이 지겨워할 수 있다. 그러나 학생들이 스스로 질문을 만들고, 그 질문으로 토론활동을 하면 모두 눈을 반짝이며 수업에 몰입하는 모습을 볼 수 있다. 특히 1:1이나 2:2 같은 소수의 그룹으로 이야기를 나누다보니 정답을 말해야 한다는 걱정이 없어서인지 같은 질문이라도 다양한 자신만의 대답을 하는 아이들을 많이 볼 수 있다.

　　하지만 언제나 그렇듯 질문 주고받기 활동을 하면 자신의 생각을 이야기하는데 어려움을 겪는 일부 학생이 있다. 꾸준한 훈련이 필요한 이유이다. 평소 학생들이 틀리거나 애매한 답을 말할 경우 올바른 길로 인도하기 위해서 고쳐서 답을 말해주는 경우가 종종 있었는데, 이러한 수업 방법이 학생들로 하여금 자신의 생각을 말하는데 두려움을 느끼게 할 수 있다. 아이들의 생각을 잘 듣고 그들의 생각을 존중하는 태도를 통해 학생들이 보다 자유롭게 자신의 의견을 말로 표현할 수 있는 분위기를 만드는 것이 중요하다.

1. 교과서를 읽고 핵심 키워드 2개를 찾아 포스트잇에 쓰고 모둠별 생각의 창에 키워드를 붙인다.
   - 인권, 사람, 의식주, 권리, 세계 인권의 날, 행복 등

2. 모둠에서 나온 키워드를 참고하여 각자 2개씩 질문을 만들어 포스트잇에 쓴다.
   - 우리나라는 인권이 잘 지켜지는가? 우리 교실에서 지켜야 할 인권은 무엇인가? 인권만 보장되면 행복한가? 등

3. 자신이 친구들과 이야기하고 싶은 질문 1개를 선택한 후 자유롭게 돌아다니며 친구를 만나 1:1로 질문을 서로 묻고 답하면서 좋다고 생각되는 질문을 골라 그 친구의 꼬리가 된다.

4. 다시 꼬리 친구와 함께 자유롭게 돌아다니며 2:2로 질문을 서로 묻고 답하면서 좋다고 생각되는 질문을 골라 그 친구들의 꼬리가 된다.

5. 다시 꼬리 친구들과 함께 자유롭게 돌아다니며 4:4로 질문을 서로 묻고 답한 후 더 이야기 나누고 싶은 질문을 골라 꼬리가 된다.

6. 각 기차별로 뽑힌 질문을 삼각 네임텍에 모둠 선정 질문을 적는다.
   - 인권의 의미는 무엇인가? 어린이의 인권은 잘 지켜지고 있는가? 등

7. 카페를 만든 후 질문을 만든 호스트는 자리에 앉아 있고 전체 학생들 각자가 대화를 나누고 싶은 질문카페로 이동한다.
   - 호스트와 손님이 자유롭게 질문에 대해 이야기를 나누되 호스트는 이야기의 내용을 노트에 적는다.

8. 호스트는 카페에서 나온 이야기를 정리해서 모두에게 공유하고 학급 게시판에 붙여 학생들의 성찰을 같이 공유할 수 있도록 한다.

역사수업으로 마음 나누기

　　요즘 학생들은 다양한 미디어에 노출되어 있다. 그래서 관련 차시를 수업하기 전에 내심 기대를 품으며 학생들에게 질문했다.

　　"6·25 전쟁과 관련해서 영화나 책, 동영상 등을 본 친구가 있나요?"

　　우리 반 24명 중 절반이 넘는 학생이 손을 들었다. 그러나 무엇을 보았는지 구체적으로 질문하자 제대로 대답하는 학생이 없었다. 뿐만 아니라 영화나 동영상의 내용을 시간적인 순서나 인과관계 중심으로 이야기하지 못했고, 심지어는 아주 단편적인 몇 장면을 실제라고 여겼다. 재미있게 보지만 정리하는 기술은 부족한 것이다. 그래서 학생들에게 실제 사진자료를 보여주면서 흥미를 잃지 않고 제대로 정리할 수 있는 방법을 고민했다.

　　이 수업에서 영상자료가 아닌 사진자료를 활용한 데에는 이유가 있다. 재연된 영상이 아니라서 실재감이 있었다. 흑백사진이고 잘 알아보기 힘든 사진도 있지만 오히려 그래서 더 실재감을 느낄 수 있었다. 또한 이야기를 구성하는 데 이점이 있으며, 이야기를 구성하며 간단한 조작을 할 수 있다. 동영상자료는 아이들이 편집을 통해 구성하는데 어려움이 있지만, 사진 자료는 단지 배열을 다르게 하는 것만으로도 학생들이 직접 이야기를 구성할 수 있다.

사진으로 만나는 6·25

① 사진으로 보는 이산가족
② 6·25 전쟁의 순서 확인하기
③ 느낀 점 토의하기

1. 사진으로 보는 이산가족

6·25 전쟁으로 생긴 이산가족의 사진을 보여준다. 동영상자료보다는 사진 자료만 보여주면서 사진의 내용과 사진 속 사람들의 마음을 생각해보는 시간을 갖게 한다. 이산가족의 이야기가 담긴 동화를 활용해도 좋을 것 같다.

2. 6·25전쟁의 순서 확인하기

사진은 교과서에 있는 사진을 활용했다. 미리 사진을 출력하여 모둠별로 배부하고, 모둠에서 사진을 보며 어떤 순서로 흘러갔을지 토의하여 사진의 순서를 정하게 한다.

사진에 대한 간략한 설명을 빈칸 넣기 활동으로 확인한다. 빈칸 넣기 활동을 하면, 사진만으로 알기 어려웠던 순서와 내용을 파악하는 데 힌트를 제공한다. 빈칸 넣기와 사진 내용을 바탕으로 사진의 순서를 정하면 재사용품을 활용해서 붙이거나 모둠별 화이트보드에 자석을 이용해서 붙이게 하면 순서가 틀렸을 경우에 고치는 것이 쉬워진다. 그리고 '둘 가고 둘 남기' 토의를 통해서 다른 모둠의 의견은 어땠는지 살펴보고 의견을 공유하는 시간을 갖는다. 토의가 끝난 후, 자기 모둠으로 돌아온 학생들은 자

6·25전쟁의 과정

기 모둠의 사진 순서를 수정하고 확정한다.

이후, 교사의 지도를 통해 정확한 순서를 확인한다.

3. 느낀 점 토의하기

6·25전쟁이 우리나라 안에서 일어난 우리 민족끼리의 비극이었다는 점과 전쟁과정과 그 이후의 수습과정까지 우리나라가 아닌 다른 강대국들의 입김에서 벗어날 수 없었다는 점이 마음을 아프게 한다.

이때 교사는 6·25 전쟁 이후의 폐허가 된 서울과 지금의 서울의 모습을 비교하는 사진 사료를 제시한다. OECD국가 중에 원조를 받는 나라에서 원조를 하는 나라로의 도약을 성공시킨 나라는 대한민국밖에 없다는 이야기를 해주면 굉장히 자랑스러워한다.

한 장으로 정리하는 역사연표

① 주제정하기, 자료 찾기
② 틀 만들기
③ 사건 및 자료 붙이기

연표란 옛날부터 오늘날까지 일어난 중요한 일을 시간 순서에 따라 알아보기 쉽게 표로 정리한 것을 말한다. 연표는 주제에 따라 다양하게 만들 수 있는데, 우리 반은 6학년 1학기 전체 수업을 끝내고 작성한 연표였기 때문에 병인양요부터 민주주의까지 긴 연표를 제작하게 되었다.

1. 주제정하기, 자료 찾기

긴 연표를 모둠 수대로 나누고. 모둠에서 제비뽑기로 주제를 선정하고, 주제에 맞는 각각의 내용을 조사한다. 1학기 동안 배운 교과서와 디딤노트가 첫 번째 자료이고, 더 필요한 자료는 태블릿이나 스마트폰, 교사용 PC를 이용할 수 있도록 제공한다.

여기서 주의할 점은 너무 세세한 정보를 찾기보다는 키워드나 사진을 중심으로 자료를 정리하도록 하는 것이다.

2. 틀 만들기

자신들의 주제에 맞는 연표의 틀을 정한다. 보통은 직선형 연표를 그리는 것을 제일 쉽게 여긴다.

학생들이 연표 그리는 것을 어려워하면 교사가 출력물로 제공한다. 이때 A4용지를 가로로 길게 선을 그려 여러 장 출력한 후 이어붙이면 쉽게 만들 수 있다. 또 이렇게 만들어서 제공하면 시대별로 칸을 나누기가 쉬워진다.

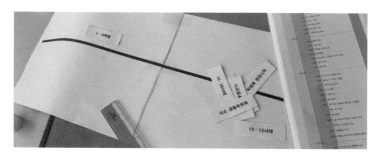

3. 사건 및 자료 붙이기

연표에 내용을 배치하고 간단한 사건을 기록한다. 연표로 그리는 시대에 중요한 사건들은 미리 출력해서 모아놓고 학생들이 자신의 모둠에서 필요한 사건을 찾아가게 한다. 이때 자기 모둠 것이 아닌 사건을 잘못 가져가면 토의해서 바로잡거나 서로 가르쳐줄 수 있다. 각 사건에는 간단한 내용을 쓰거나 포스트잇을 붙이기도 한다. 마지막으로 제목을 붙이면 연표 만들기 활동은 끝이 난다.

연표를 만든 후에 '둘 가고 둘 남기'를 통해 자신들이 만든 연표를 설명하도록 한다.

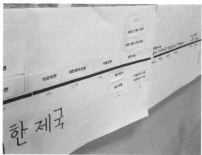

역사왜곡에 대처하는 우리의 자세

몇 년 전 교과서에는 일본의 역사왜곡과 중국의 동북공정에 관한 내용이 짧게나마 있었던 것으로 기억한다. 그런데 현재의 6학년 1학기 교과서에는 이런 내용이 없다.

● 조선 식민지 근대화론에 관하여

'일제강점기를 거치며 조선은 큰 발전을 이루었다.' 이른바 '조선 식민지 근대화론'이다. 말도 안 되는 주장들을 들으며 분개하던 것을 떠올리며 수업을 준비했다. 일제강점기, 일제의 경제 침략으로 조선인의 삶은 매우 어려웠다. 일제강점기 동안 새로운 도시와 산업 시설이 등장하고 근대적인 문물이 들어온 것은 사실이지만, 그 혜택을 누리는 이들은 일본인이거나 일부 친일 계층에 불과했고, 대다수의 조선인은 가난한 소작인, 노동자로 어려운 삶을 살았다. 살 길을 찾아 만주나 연해주로 이주하는 이들도 많았다.

먼저, 디딤영상을 통해 일제의 수탈 정책들에 대해 보여주었다. 교과서에 아주 적은 분량으로 나와 있어서 어디까지 제시해줘야 할지 고민했지만, 토지조사사업, 산미증식계획 등을 제시했다. 그리고 일본의 역사왜곡에 관한 뉴스 기사를 첨부했다.

그리고 수업시간에는 댓글 달기 활동을 했다. 조선 식민지 근대화론에 반박하는 글에 댓글을 다는 활동이다. 이 활동을 하기 위해 학생들은 먼저 교과서와 태블릿 등을 이용하여 이에 반박하는 자료들을 찾아낸다. 그리고 모둠별로 댓글을 작성한다. 아이들이 댓글을 다는 것에 매우 익숙

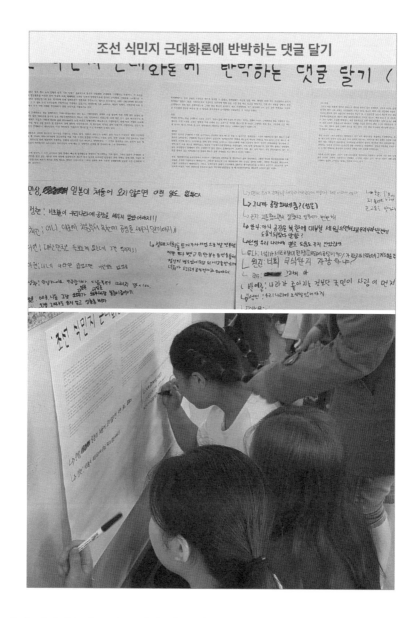

해서 재미있어하는데, 주의할 점은 익명성을 보장하면 정말 인터넷 댓글처럼 악플도 막 달리는 수가 있어서, 이름을 쓰고 댓글을 달게 했다.

● 일본군 위안부에 관하여

이번에는 일본군 위안부에 관한 내용을 공부하며 위안부 할머니의
억울함을 호소하는 글을 써보기로 했다.

영화 〈아이캔 스피크〉의 장면과 '평화의 소녀상'에 관한 기사를 보여
줬다. 관련해서 보여줄 미디어는 다양하여 학급 학생들의 성향에 맞게 선
택하면 된다.

그런 뒤 할머니의 입장에서 국제재판소에 일본의 역사왜곡을 고발하
는 글을 써보기로 한다. 영화의 장면이 감동적이어서인지 학생들이 매우
진지하게 참여한다.

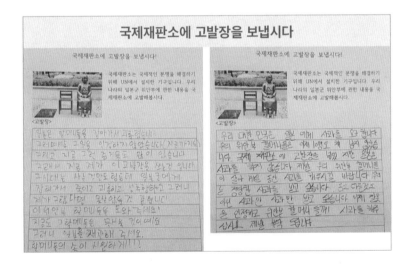

● 중국의 동북공정에 관하여

중국의 동북공정에 관한 이야기를 하게 되었다. 고구려와 발해의 역사를 배우면서 언급이 되면 좋은 내용인데, 6학년에게는 이미 배운 내용이다.

그런데 동북공정 이야기를 들은 적이 있냐는 질문을 해보니 들은 적이 없다는 대답이 80퍼센트가 넘었다. 마침 시사프로그램에서 동북공정에 관한 내용을 방영하던 터였다. 그 방송을 보기 전까지는 중국의 역사왜곡이 그 정도로 심각한 수준인 줄 몰랐다. 중국에서 한국을 상대로 하는 동북공정 이외에도 여러 프로젝트의 '공정'이 국가의 지원을 받아 이루어지고 있고, 칭기즈칸을 비롯한 위인들의 역사도 둔갑시키고 있다는 내용이었다.

나라의 지원을 받아 꾸준히 조용하게 진행되고 있는 역사왜곡의 심각성을 우리 아이들이 놓치면 안 될 것 같았다. 그래서 사회과부도와 태블릿을 활용하여 중국의 주장에 반박할 수 있는 근거를 찾는 활동을 했다. 찾은 근거를 모아 노래가사 바꾸기 활동을 했다.

주제가 어렵다고 느껴서인지 아이들이 쉬운 노래를 선택하려고 했다. 모둠별로 선택에 자유를 주자, '아기상어'부터 '엄마야 누나야'까지 다양한 곡들이 선정되었고, 다양한 내용의 개사곡이 완성됐다.

주의할 점은, 개사할 때 일방적으로 비방하는 내용이 되지 않도록 가사에 객관적인 증거가 들어가야 한다는 점이다. 그러기 위해서는 먼저 모둠별로 찾은 근거를 교사가 먼저 꼭 확인하는 과정이 필요하다.

역할놀이로 경험하는 역사

역사를 배우다보면 긴 세월의 격차 탓에 '나의 일'로 인식되지 않는 경우가 많다. 그럴 때 '내가 그 당시 사람이라면 어땠을까?'를 생각해보게 하는 '추체험 학습' 방법을 많이 사용하는데, 그 가운데 본 수업 하루 전이나 점심시간에 해볼 수 있는 간단한 역할 체험을 소개한다.

● 임오군란(구식군대와 신식군대)

학급을 남녀, 혹은 모둠별로 둘로 나눈다. 한 쪽은 구식군대, 한 쪽은 신식군대이다. 아이들에게 아직 나눈 역할에 대해 알려주지 않는다.

대표가 가위바위보를 하여 진 팀이 구식군대, 이긴 팀이 신식군대이다.

수학시간에 이긴 팀에게는 계산기를 주고, 진 팀은 계산기를 사용하지 못하도록 한다. 또 이긴 팀은 점심식사를 먼저 하게 하고, 진 팀은 나중에 하게 한다. 고학년이라서 20분 이상 시간차를 줄 수 있다.

그리고 5교시에 본 수업을 진행한다. 먼저 소감을 물어본다. 불공평하다고 왜 선생님 마음대로 하냐고 아이들이 난리가 난다. 그러면 가위바위보에서 진 팀은 구식군대였고, 이긴 팀은 신식군대 역할이었다고 말해주면서, 실제 역사에서 구식군대는 무기도 차별받고 쌀도 모래가 섞인 것으로 지급받았다고 설명한다. 그럼 학생들은 구식군대가 왜 난을 일으켰는지 잘 이해한다.

● 환곡제도

교실에서 사용하는 칩이 있으면 좋은데, 없으면 포스트잇에 도장을 찍어서 나눠준다. 학생들에게 3장씩 나눠주고, 그것이 쌀 한가마니라고 설명한다. 더불어 이것은 그냥 주는 것이 아니라 빌려주는 것이라고 말한다.

그렇게 2교시쯤 지나면 나눠준 포스트잇을 잃어버린 아이들도 있고, 챙겨놓은 아이들도 있다. 그때 빌려간 쌀을 한가마니씩 갚으라고 한다. 챙겨놓은 아이들은 잘 갚지만, 없는 아이들은 서로 빌려서 낸다. 한 시간 후 이번에는 이자가 붙었다고 두 가마니를 갚으라고 한다. 아까 갚은 애들한테도 받은 기억이 안 난다면서 다시 갚으라고 한다. 모둠에서 못 갚은 학생이 있으면 그것도 책임지라고 한다. 옆 반 친한 친구 것도 갚으라고 한다. 한 시간 있다가 또 이자가 붙었다고, 이번에는 세 가마니 갚으라고 한다. 농사 안 짓고 뭐했냐고 구박하면서 엄마 것도 갚으라고 하고, 동생 것도 갚으라고 하고, 아까 갚았어도 또 갚으라고 하고 막 갚으라고 한다. 못 갚으면 청소하라고 시키고, 심부름도 시킨다…. 그러면 환곡제도의 문제점을 확실히 깨닫게 된다.

● 신분제도

신라시대의 골품제도, 조선시대의 양반과 노비 등 다양하게 활용할 수 있다. 반 학생 수에 따라 귀족의 수를 제일 적게 하고, 평민의 수는 귀족보다는 조금 많게, 노비의 수를 가장 많게 구성한다. 예를 들어, 반 학생 수가 24명이라면 그중에 4명은 귀족(혹은 양반), 6명은 평민, 14명은 노비로 신분을 구성한다. 규칙은 다음과 같다.

▶ **규칙**

① 귀족은 노비를 소유할 수 있다. 귀족 1은 노비 2명, 귀족 2는 노비 3명, 귀족 3은 노비 4명, 귀족 4는 노비 5명으로 귀족 간 빈부의 격차를 둔다.

② 귀족은 노비를 거래할 수 있다. 귀족 간 노비 거래가 가능하다. 노비를 사기 위해 역할을 대신 해줄 수 있다.

③ 노비는 청소시간에 교실청소를, 평민은 복도청소를 한다. 귀족은 청소 검사를 한다.

④ 평민은 귀족에게 목례만 하고 노비는 귀족에게 공손하게 인사를 한다. 평민과 노비는 귀족에게 존댓말을 사용한다.

하루 정도 이 신분제에 따라 생활하게 한다. 급식 먹는 순서나 체육시간에 할 종목을 귀족 마음대로 정하도록 하는 방식이다. 그러면 평민이나 노비는 귀족 아이에게 잘 보이려고 애를 쓴다.

그리고 체험이 끝나고 신분에 맞는 일기를 쓰게 한다. 귀족으로서의 일상, 노비로서의 일상이 확실히 다른 일기가 나온다.

내가 만약?

역사 수업을 할 때 중요하게 여기는 것이 역사적 상상력과 역사적 사고력이다. 우리 반 아이들의 성향이 활동적이고 집중력이 약해서 역사 수업을 할 때 역사적 상상력을 발휘하는 수업 위주로 했다. 그러면서 역사적 사고력을 키울 수 있는 수업으로 '내가 만약?'을 진행하고 있다.

● 내가 만약 독립운동가라면?

유명한 위인들을 보면 교사인 나 자신도 그런 생각이 들 때가 있다. 내가 그 시대에 살았더라면 나는 저렇게 용감하게 활동할 수 있었을까? 죽음이 두렵지 않았을까? 아니, 죽음보다 고문이 너무 끔찍하고 무서웠을 것 같은데 어떻게 견딜 수 있었을까, 같은 것들이다.

그래서 수업을 할 때 학생들에게 '내가 만약 독립운동가라면?'이라는 주제를 준다. 남학생들은 신이 나서 자기도 총을 들고 저격을 하러 갔을 것이라는 둥, 전투에 참여했을 것이라는 둥의 이야기를 한다. 그러면 독립운동가들의 이름을 제시한다. 최대한 많은 독립운동가들의 이름을 제시하고, 교과서와 태블릿을 활용하여 그들의 업적을 찾아 간단하게 정리하게 한다. 그리고 업적별로 묶어서 분류한다. 업적이 섞여서 딱히 하나로 분류할 수 없을 때에는 원하는 곳에 넣어도 된다.

그런 다음 학생들에게 자신이라면 어떤 일을 했을지 선택하게 한다. 분류 활동 후 독립운동가를 선택을 하게 하는 이유가 있다. 무장 독립운동 말고도 나라를 위해 할 수 있는 일이 무엇이 있을까를 생각해보는 시간을 갖게 하고, 선택지의 폭을 넓게 주어 소심한 학생들이 편하게 선택할 수 있도록 배려하는 차원이다. 다 선택하면 비주얼씽킹으로 자신의 독립활동을 표현할 시간을 갖는다. 글이 편한 학생들은 글로 쓰게 해도 좋다. 간단하게 자신의 독립활동 모습을 표현하는데, 이 활동이 끝나면 학

이룩다

내가 만약 독립운동가라면?

<보기>
~~김구, 안중근, 안창호, 이화영, 유관순, 서재필, 안창호, 윤봉길, 이봉~~
~~창, 김좌진, 홍범도, 손병희, 남자현, 안경신, 윤희순,~~ 기타 내가 아는
의병장

1. <보기>의 독립운동가를 한 일에 따라 분류하여 봅시다.

의사
안중근, 윤봉길, 이봉창, 김구, 서재필
김좌진, 홍범도, 남자현, 안경신 손병희

열사
유관순, 안창호, 이봉창, 이회영

안경신 : 폭탄을 던진 최일의 여성
남자현 : 동 만두고 2곳 여교호와예배당
김구 : 애국단조직   서훈
안중근 : 이토히로부미저격   안창호 : 흥사단 결성
서재필 : 한국인최초서양의사   이회영 : 신흥무관학교건설
윤봉길 : 군사교육은 안받   유관순 : 아우내장 터 만세시위
김좌진 : 청산리대첩 승리   이봉창 : 히로히토 수규탄던짐
홍범도 : 봉오동전투   손병희 : 3 ·1운동
윤희순 : 중국으로 가서병군구호했다.

2. 내가 독립운동가였다면 어떤 독립운동을 할 수 있었을까요?

독립운동을 하자고 설득할 것같다. 그리고 무기를 들고 싸울 것같다. 그리고
돈이 있으면 돈을 내껏이다. 독립운동에 참여하 줄 못사람들에게 귀로해
주고 힘이되어두고 싶다. 그리고 방이있으면 방을 두고 잠을 재워주고
부탁하는거있으면 거와라 해줄 것이다.

생들은 자신이 독립운동을 실제 하지 않았지만 한 것처럼 괜한 뿌듯함을 느끼곤 한다.

● 내가 대한민국의 대통령이라면?

이 차시는 역사를 배울 때 활용해도 되고, 그 후에 삼권분립과 행정부의 역할을 배울 때 활용해도 좋다. 역사를 배울 때는 내가 대한민국임시정부 혹은 대한민국 정부수립 때의 대통령이라고 상황을 가정한다. 배우는 차시에 따라 상황을 설정하면 된다. 그리고는 모둠에서 정부를 구성하는데 어떤 부서가 필요한지, 내가 대통령이라면 나라와 국민을 위해서 어떤 부서가 필요할까를 생각해보게 한다.

이 활동은 상황이 대한민국임시정부인지, 대한민국정부수립인지에 따라 조금씩 다른 답이 나올 수 있다. 이 활동의 핵심은 나라가 국민을 위해 어떤 부서를 운영하는가를 생각해보게 하는 것이다. 따라서 학생들의 대답도 이런 관점에서 적절하게 피드백하면 된다.

Chapter 4

프로젝트로
머리 깨우기

프로젝트로 몰입하기

"수업 연구를 왜 하나요?"

사례를 나누기 전, 우리는 먼저 이 질문을 던지고 싶다. 지금도 현장에서는 다양한 학습공동체, 교사연구회, 직무연수 등이 이루어지고 있다. 이를 통해 많은 교사들이 열정적으로 수업을 연구하고 준비한다.

교사들이 많은 시간과 노력을 들여 수업을 준비하는 이유는 각자가 다르겠지만, 우리는 그것을 학생들에 대한 애정이라고 생각한다. '누구보다 우리 학생들이 즐겁게 학교생활을 했으면 좋겠다.', '내 수업에서는 학원에서 접해보지 못한 특별한 경험을 심어주고 싶다.'라는 마음으로 우리 모두 수업 연구에 관심을 가진다. 우리가 만나는 학생 한 명 한 명이 소중하고 존중받아야 할 존재로 느껴졌기에 하나를 가르치더라도 제대로 알려주고 싶어 한다. 열심히 연구한 수업에 학생들이 열광적으로 반응하고 긍정적이고 즐거워하는 모습을 보이면 노력에 대한 보람과 희열을 느낀다. 시간과 노력을 들여서 수업 연구하는 일은 정말 힘든 일이기 때문이다. 그래서 수업 연구에 한번 빠져들면 잘 헤어나지 못한다.

하지만 기존의 교과서 중심의 지식을 효율적으로 전달하는 수업 연구는 앞으로 새로운 환경에 살아갈 우리 아이들에게 전혀 도움이 되지 않는다. 그렇기 때문에 완전히 새로운 형태의 프로젝트 수업이 필요하다.

메이커 프로젝트

우리는 몰입교실을 연구하면서 메이커 프로젝트에 집중했다.

메이커 프로젝트는 버락 오바마 대통령 취임식에서 언급되었다. 오바마 대통령은 연설에서 위험을 무릅쓰고 뭔가를 만들어 일을 해내는 사람에 대해 말했다. 미국에서 풀뿌리 운동으로 전개되고 있는 '메이커 운동'에 대한 암시였다.

메이커 운동은 학생들이 몰입학습의 경험을 가질 수 있도록 돕는 새로운 교육운동이다. 무언가를 만들려면 아이디어를 내고, 계획을 세우고, 프로토를 만들어보고, 테스트를 통해 나타난 결과를 반영하여 수없이 계획을 수정하는 과정이다. 프로젝트는 이 과정을 반복하고 또 반복한다. 이런 반복 과정을 통해 문제를 해결하는 습관이 몸에 익숙하게 만드는 것이다.

구성주의에서는 학생들은 무언가를 만들고 계획하는 일에 적극적으로 개입할 때 가장 효과적으로 지식을 쌓는다고 했다. 가장 쉬운 예로 글쓰기를 들 수 있다. 우리는 어떤 주제로 글을 쓰기 위해 아이디어를 모으고, 아이디어를 바탕으로 계획을 세우고, 초안을 쓰고 돌려읽기를 통해 개선하고 검토하는 과정을 거친다. 그래서 글을 잘 쓰는 사람이 문제해결

능력도 좋아진다. 마찬가지로 메이커 프로젝트를 통해 문제해결능력을 기른다. 복잡한 문제를 단순한 여러 개의 문제로 나누고 문제 하나하나를 해결하는 아이디어를 떠올리고 반복적으로 개선하고 개량하면서 문제를 해결하게 된다.

이 장에서는 인문학과 엔지니어링을 기반으로 한 다양한 메이커 프로젝트를 통해 학생들이 몰입할 수 있는 수업에 대한 이야기를 하고자 한다.

노벨엔지니어링, 안녕?

'노벨엔지니어링', 많이 생소할 것이다. '노벨'은 노벨상이 있으니 많이 들어봤을 테지만 '엔지니어링'이 붙으니 왠지 공학과 관련 있는 것도 같다.

우리도 몰입교실을 연구하면서 몇 년 전에 처음 접했다. 노벨엔지니어링은 인문학과 소프트웨어 그리고 엔지니어링을 융합한 개념이다. 문학책을 읽고 로봇, 코딩과 같은 실감형 콘텐츠를 활용해 문학 속 주인공이 되어 문제를 찾고, 해결책을 마련하고, 발표와 피드백을 통해 더 나은 해결 방법을 찾아 이야기를 재구성하는 과정으로 이루어지는 메이커 프로젝트이다. 일반적으로 노벨엔지니어링의 과정[4]은 다음과 같이 이루어진다.

---

4) http://www.hangyo.com/news/article.html?no=82168

노벨엔지니어링을 초등교육의 관점에서 정리하면 크게 4단계로 이루어진다.

1단계 : 국어(문학)를 통한 간접 경험

텍스트(주로 문학작품)를 읽으면서 텍스트 속에서 여러 문제점들을 찾아내고 해결해야 할 필요성을 느끼는 단계이다. 문학작품이 아니어도, 문학을 바탕으로 한 영상자료나 교사의 스토리텔링으로도 대체 가능하다. 즉, 현실을 간접 경험할 수 있는 자료라면 충분하다. 텍스트의 내용 파악을 명확하게 정리하기 위해 인물 간 관계, 사건의 흐름 등을 정리하는 방식으로 국어 수업을 전개할 수도 있다. 인물망 그리기, 사건의 흐름 시간 순서대로 정리하기, 인물의 감정선 그래프 그리기, 핫 시팅 기법 등 다양한 활동을 곁들이면 좋다.

여기서 질문 만들고 답하기를 활용하면 좋다. '이 사건의 원인은 무엇일까?, 이 일로 생기는 불편함은 무엇일까?' 등등 생각할 수 있도록 질문을 던져주거나 학생들이 질문을 만들도록 한다. 질문을 아무렇게 하는 것이 아닌, 텍스트 속 문제점을 인식할 수 있도록 질문으로 발판을 만들어 주어야 한다.[5]

2단계 : 문제에 대한 해결책 마련

1단계에서 찾은 문제점을 어떻게 해결하면 좋을지 학생들이 생각하는 단계이다. 보통 짝이나 모둠별로 해결할 문제에 대한 해결책을 구상하고 표현하기 때문에 사전에 협동과 의사소통에 대한 교육이 이루어지면 좋다.

이 단계에서 해결책(산출물)이 나오기 때문에, 프로젝트 학습(Project Based Learning, 이하 PBL)을 구상한다면, 노벨엔지니어링을 PBL에 적용하면 된다. 해결책을 만들어낼 때, 재료나 표현 방법에 한계를 두지 않는 것이 좋다.

우리는 주로 LEGO Wedo 2.0키트를 활용해 수업에 적용했지만, 다른 SW교구를 활용해도 되고 미술과 연계해서 만들기, 그리기 등으로 표현해도 된다. 군이 로봇이나 코딩으로 한정짓지 않아도 된다는 뜻이다. 노벨엔지니어링의 목표는 텍스트 속에서 문제점을 찾아 해결하는 것이므로 어떤 방법을 사용하는가보다는 문제점 해결이라는 목표에 도달하게 하는데 중점을 둔다. 그 과정에서 아이들의 창의성과 개성도 엿볼 수 있다.

3단계 : 해결책 발표와 피드백

전 단계에서 각자 구체적으로 마련한 해결책을 모두에게 발표하고, 서로의 해결책에 대해 피드백을 해주는[6] 단계이다. 여기서 나온 피드백을 바탕으로 각자의 해결책을 개선해나간다.

저학년의 경우, 서로에게 심도 있는 피드백을 하기 어려우니 서로의 해결책에서 칭찬할 점, 개선할 점을 하나씩 찾아보는 것으로 활동을 진행한다. 학생들은 자신이 발견하지 못한 해결책의 개선점을 친구들이 알려줘 더 좋은 해결책으로 보완 및 완성할 수 있다. 또는 다른 친구들의 발표를 듣고 참고하여 해결책을 변형할 수 있다.

4단계 : 개선된 해결책을 바탕으로 이야기 재구성(국어)

노벨엔지니어링의 핵심이라 할 수 있다. 인문학으로 시작해서 인문학으로 끝난다. 자신들의 수정된 해결책이 텍스트 속 현실에 잘 녹아들 수 있게 생각하며 이야기를 재구성하게 된다.[7]

----

5) 대부분 학생들은 질문 만드는 것을 어려워하는 경향이 있다. 그래서 학생의 수준을 고려하여 교사가 주로 질문하는 방식을 택할지, 단순한 질문이어도 학생들이 직접 질문을 만들고 답해가는 방식을 택할지는 교사의 재량이다.

6) 학생들에게 피드백의 잘못된 예를 이야기해주며, 올바른 피드백에 대해 지도해주면 수업의 방향이 흔들리지 않는다. 처음에 피드백에 대한 교육을 하지 않으면 어느 순간 서로의 흠집 찾는 발표 시간이 되기도 하므로 주의해야 한다.

7) 보완된 해결책을 가지고 기존의 이야기를 바꿔 쓰기, 그 뒤의 내용을 상상해서 쓰기, 해결책이 드러나게 글과 그림으로 표현하기 등 다양한 활동으로 연계할 수 있다.

노벨엔지니어링이 주는 의미

평상시 학교 수업을 떠올려보면 교과서 읽고, 내용 파악하고, 써보고, 발표하고…. 대개 이런 방식이 반복적으로 이루어진다. 아이들 입장에서 이런 수동적인 수업이 재미있을 리가 없다. 지루하고 딱딱하다. 텍스트를 수동적으로 읽고 반복하는 이런 활동에서 벗어나서 텍스트를 비판적으로 읽고 창의적으로 문제를 해결하는 능동적인 학습자를 길러낼 수는 없을까? 노벨엔지니어링이 지향하는 지점이 바로 이것이다.

요즘 교육계에서도 5C 핵심역량, 즉 비판적 사고(Critical thinking), 의사소통(Communication), 협력(Collaboration), 창의적 사고(Creative thinking), 자신감(Confidence)을 강조하고 있다. 노벨엔지니어링의 과정 속에는 5C 핵심역량이 잘 녹아들어 있다. 이것을 통해 우리 아이들을 급변하는 미래 사회를 선도하는 미래형 인재로 키워보자.

노벨엔지니어링 첫걸음

책에 손이 가게 만들자

이제 노벨엔지니어링으로 놀아본 사례를 풀어보려고 한다.

3학년을 맡아, 학급교육계획을 짜는 과정에서 국어교과에 '독서' 관련 단원들이 많아 독서 프로젝트를 진행해야겠다고 생각했다. 아이들이 직접 고른 책으로 서로 생각도 나누고 문제를 해결하는 노벨엔지니어링. 그러나 이것을 진행하려면 무엇보다 '독서'로 시작해서 '독서'로 끝나는 프로젝트이므로 아이들이 책을 읽고 싶게 만드는 것이 중요하다. 어떤 책을 읽으라고 강요하지 말고, 아이들이 스스로 책을 고르거나 읽고 싶은 욕구를 느끼게 활동을 마련하면 좋다. 그렇게 노벨엔지니어링 첫 시간을 시작했다.

먼저 아이들을 데리고 학교 도서관으로 갔다. "여러분들이 친구들과 함께 읽고 싶은 책을 1시간 동안 자유롭게 읽고 구경하면서 골라보세요. 그러면서 같이 읽고 싶은 이유는 간단히 메모하면 좋겠습니다." 말이 끝나기가 무섭게 아이들이 책장으로 달려간다. 교사가 책을 정해주면 진행은 편하겠지만, 자기들이 고른 책이 아니라서 읽고 싶은 의욕이 떨어질 수 있기에 직접 골라보도록 주도권을 주는 것이다.

1시간 동안 열심히 도서관에서 책을 고르고 자신이 골랐던 책을 이야기하는데, 한 아이가 이렇게 이야기했다.

"저는 〈엘 데포〉를 추천합니다. 이 책의 주인공이 청각장애인이어서 장애인의 어려움을 이해할 수 있고, 친구들과 같이 읽으면 서로의 다름을 잘 이해하고 배려하며 잘 지낼 수 있을 것 같습니다."

학급을 경영하면서 강조하는 덕목이 '배려'여서 아이들이 그걸 염두에 두고 고른 것 같다. 그 친구가 고른 〈엘 데포〉가 만화책이어서 처음에 많이 고민했지만, 고른 이유를 듣고 스스로 반성할 수밖에 없었다.

어리다고 아이들이 책을 고르는 안목이 어른과 비교했을 때 뒤떨어지지 않는다. 책의 형식에 편견을 갖지 말자.

명확한 이해가 수업의 방향을 결정한다.

아이들이 책 속에서 문제점을 찾기 위해서는, 그 책에 대한 명확한 이해가 필요하다. 명확한 이해를 돕기 위해 내용 파악과 생각거리가 담긴 활동지를 제작하면 보다 수월해진다. 활동지가 아닌 책의 내용이나 주제와 관련된 사진, 영상으로 수업을 전개해도 좋다.

그날 이후, 〈엘 데포〉라는 책을 읽으며 같이 활동하기로 했다. 〈엘 데포〉가 만화책이어서 아이들이 금방 읽고 내용 파악도 수월하게 해냈다. 그래도 아이들이 '장애'라는 것에 대해 더 생각해보고 책 속에서의 문제를 인식하도록 활동지를 제공했다.

아이들이 차분하게 책의 내용을 떠올리며 장애에 대한 생각을 활동지에 정리할 수 있도록 하고, 자신의 생각을 친구들에게 이야기하는 시간을 가졌다.

"제가 아프지 않고 건강한 것에 감사함을 느껴요."
"가족들의 말이 잘 안 들리면 슬플 것 같아요."

여러 가지 이야기가 오간다. 그때 한 아이가 말했다.

"청각장애인이 이렇게 불편하게 생활하는지 몰랐어요. 참 힘들 것 같아요."

빙고! 드디어 책을 읽고 문제를 인식한 순간이다.

"그러면 어떻게 하면 좋겠어요?"
"청각장애인에게 도움을 주고 싶어요."

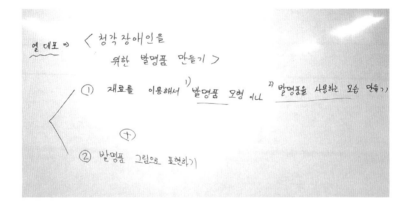

그 말을 듣고 다른 아이가 말했다.

"청각장애인을 위해 발명품을 설계해보고 싶어요."
"그러면 미술시간에 만들어봅시다."

아이들이 주도권을 가지고 수업의 방향을 조정해나가는 모습이다. 교사인 나는 아이들이 책을 읽고 '장애'에 대해 생각해보고 문제점을 찾아보는 것에 목표를 두었지만, 아이들은 스스로 다음 수업의 목표를 '청각장애인을 위한 발명품 설계하기'로 설정했다.

3학년 학생들이 스스로 고른 책을 읽고, 그 속에서 문제를 발견하고 해결하고 싶다는 의지로 대답을 한 것이다.

표현의 자유 + 해결 의지 = 상상 이상!

문제에 대한 해결책을 마련하는 과정에서 표현 방법을 통일하면, 교사 입장에서는 편리하다. 해결책의 범위가 한정적이어서 평가하기가 쉽기 때문이다. 하지만 아이들에게 표현할 방법, 재료에 제한을 두지 않고 자유롭게 하는 것은 아이들의 독창성과 잠재력을 뿜어낼 장을 마련한다. 때로는 생각지도 못한 것을 떠올려서 아이들의 힘은 무궁무진하다고 느낄 때가 자주 있다.

아이들이 제안한 대로 미술시간을 이용해서 '청각장애인을 위한 발명품 만들기'라는 주제로 해결책을 표현하기로 했다. 아이들은 수업시간 전부터 무엇을 만들 것이라고 신이 났다. 만들기로 표현을 잘 못하는 친구들이 있을까봐, 설계도나 그 발명품을 이용하는 청각장애인의 모습을 그림으로 그려도 된다고 허용해주었다. 하지만 아이들은 그림보다 만들기를 좋아해서 다 만들기를 선택했다.

당시 레고 wedo 2.0에 익숙하지 않고, 아이들도 어려워할까봐 레고와 태블릿은 사용하지 않았다. 대신, 만들기나 그리기에 사용할 재료는 자유롭게 활용해도 된다고 이야기했다. 이처럼 코딩 또는 SW 교구가 없어도 노벨엔지니어링은 여러 가지 방법으로 가능하다.

교사가 시켜서 만드는 것이 아니라, 자기 생각을 자유롭게 표현할 수 있게 되자 아이들은 무척이나 의욕적이고 활기에 넘쳤다.

아이들은 찰흙부터 종이상자, 클리어 파일, 이어폰까지 다양하게 준비를 해 와서 열심히 2시간 동안 만들었다. 만들고 나서 발표하는 시간을 가졌는데, 아이들의 생각 하나하나가 대충 생각한 것이 아닌 고심하여 만든 정성이 느껴졌다.

아이들의 해결책 몇 가지를 이야기해 보면 다음과 같다.

-**청각장애인의 듣는 것을 도와주는 시계**: 스마트 워치처럼 가볍고 이용하기 쉽게 듣는 것을 도와준다.
- **센서 초인종**: 초인종 주변에서 위험한 소리가 들리면 초인종을 차고 있는 청각장애인을 건드려 경고를 주는 방식이다.
- **책과 보청기를 합친 발명품**: 책 내용을 보청기가 달린 이어폰으로 들을 수 있다.
- **매직 헬멧**: 가장 인상 깊었던 발명품이다. 청각장애인이 이 헬멧을 쓰면 안테나를 통해 주변에서 들리는 소리를 뇌파로 전달해주는 방식이다.

비록 현실성은 떨어지지만, 작품마다 청각장애인을 생각하는 마음이 고스란히 담겨있었다. 또한 발표하는 과정에서 아이들의 순수한 동심과 창의력을 확인할 수 있었다. 발명품 소개를 마치고 나서, 서로의 작품에서 재미있었던 점, 아쉬운 점, 궁금한 점 등을 자유롭게 이야기하다가 자연스럽게 서로의 작품에 대한 피드백으로 이어졌다. 저학년 학생들이라 잘했다는 칭찬이 이어지는 것에 그쳤지만, 고학년이었다면 서로의 작품에 대해 심도 있는 피드백도 가능하여 해결책이 좀 더 다듬어질 수 있을 것이다.

　마지막으로 자신들의 발명품을 〈엘 데포〉의 주인공이 사용한다고 상상하여 짧게 뒷이야기를 지어 써보게 했다. 그 이야기 또한 발명품 소개와 거의 비슷했지만, 의미가 상당히 있던 과정이었다. 엄밀히 말하면, 자신의 해결책을 소개하는 것과 해결책이 현실에서 사용되는 것은 크게 다르다. 비록 글이지만, 책 속 인물과 배경 등을 생각하며 해결책이 자연스럽게 녹아들게 하려고 생각을 구조화하는 과정이기 때문이다. 어쨌든 이전 단계에서 청각장애인을 도와주어야 한다는 욕구가 충만한 상태에서 발명품을 제작하기로 결정하고 직접 만들다 보니, 활동에 참여하는 태도가 열정적이고 집중력도 대단했다. 즉, 이전 단계에서 아이들이 얼마나 문제에 공감을 하고 해결 의지를 갖고 있느냐가 수업 태도와 몰입의 질을 결정한는 뜻이다.

학생과 교사 간의 믿음, 주도권을 잠시 주자

　첫 메이커 프로젝트 수업이었다. 첫 프로젝트라 부족함이 많았지만, 학생들이 몰입할 수 있었던 이유는 학생들의 주도적인 태도, 새로운 것에 대한 흥미였다.

　돌이켜봤을 때 프로젝트 수업에서 교사가 주도적으로 진행한 부분은 딱 한 가지였다. 〈엘 데포〉를 읽고 생각을 정리할 수 있게 활동지를 제작해서 지도하고 질문을 던졌던 것이 다였다. 그걸 제외하고는 학생들이 주도적으로 나서서 자신의 생각을 이야기하고, 행동으로 옮겨서 진행되었다.

그렇다고 교사가 방관자로만 있는 것은 아니다. 학생들이 올바른 방향으로 갈 수 있게 피드백하거나 질문을 던지고, 어려움을 겪고 있으면 도움을 주는 것이다. 이것이 프로젝트 과정에서 교사가 한 행동이고, 또 올바른 역할이다. 아이들에게도 프로젝트 수업을 마무리하면서 물었다.

"긴 시간 동안 진행했는데 힘들지 않았어?"
"아뇨, 재밌었어요."
"프로젝트가 원래 이렇게 재밌어요?"

뭐가 재밌었고, 왜 재밌었는지 궁금했다.

"제가 고른 책을 친구들이 읽어서요."
"제 말대로 친구들이랑 발명품을 다 같이 만들어서요."
"국어시간인 것 같았는데 친한 친구랑 같이 발명품 만들고 발표해서요."

이유는 간단했다. 수업의 주도성을 가져간 것에서 흥미를 느낀 것이다. 자기가 고른 책으로 수업을 하고, 자기가 말하는 대로 수업의 방향이 바뀌는 것이 신기했을 것이다. 교사가 시키는 대로 하던 방식에서 자기들이 수업을 끌어가고 만들어가는 것에서 느끼는 호기심과 흥미가 수업에 몰두하게 한 것이다.

노벨엔지니어링이 아니어도, 학생들을 믿고 수업에서 주도권을 잠시 넘겨주면 생각지 못한 긍정적인 결과물을 얻을 수 있다. 만약에 교사가 학생들을 믿지 않았으면 〈엘 데포〉라는 좋은 책을 몰랐을 것이고, 아이들이 설계한 청각장애인을 위한 발명품을 접하지 못했을 것이다. 교사와 학생이 서로 신뢰하는 긍정적인 관계는 웃음이 가득한 몰입교실의 바탕이 된다.

유연한 노벨엔지니어링

Lego wedo 2.0이란[8] 도구를 가지고 아이들과 노벨엔지니어링을 제대로 해보고 싶었다. Lego wedo 2.0는 태블릿으로 코딩해서 블록을 움직이게 하는 로봇 교구이프로 제대로 사용하려면 교사와 학생들 모두 '코딩'에 대한 기본 지식이 필요하다.

Lego로 노벨엔지니어링을 제대로 운영해보고자 '코딩동아리'를 운영하고 있다. 아이들과 기본적인 코딩 원리를 학습하면서 능숙하게 다루기 위해서이다. 하지만 동아리 활동은 반 활동과 다르게 시간도 한정적이고 다른 반 친구들도 참여해서 노벨엔지니어링을 운영하기가 상대적으로 어렵다. 무엇보다 아이들이 책을 읽어야 하는데, 책 읽을 시간은커녕 코딩 활동하느라 바빠서 책을 읽을 수 없었다. 이렇게 선생님들마다 여건(교과,

---

8) 기존의 레고는 완성되면 움직일 수 없었던 것과는 달리, 태블릿 어플리케이션을 통해 코딩으로 프로그래밍하여 레고 블록을 움직일 수 있게 하는 SW교육용 키트이다. 실제 레고 블록으로 구성되어 있으며 차이점은 레고 블록을 움직이게 하는 전자 부품들이 들어있다는 것이다. 움직임이나 동작을 만들어내는 미디엄 모터, 모터나 센서를 컴퓨터와 연결해주는 스마트 허브, 기울기에 따라 반응하는 기울기 센서, 물체로부터 거리의 변화를 감지하는 동작 센서 등으로 사용자 마음대로 움직일 수 있게 설계할 수 있다.

교실, 학년, 학생 수 등)이 다르고 학교의 교구 상황도 다르기 때문에 일률적으로 노벨엔지니어링을 적용하는 것은 힘들다. 노벨엔지니어링이 정형화된 것은 아니므로 학교, 학생의 상황에 맞게 이 방법을 선택했으면 한다.

이런 어려움을 해결할 한 가지 방법은 애니메이션이다. 책 〈구름빵〉의 내용이 담긴 애니메이션을 보여주고 애니메이션 속에서 문제점을 찾아보게 했다. 책이 아니라서 금방 볼 수 있고, 아이들의 몰입도가 굉장히 높아 문제점도 금방 찾아낸다. 아이들이 책을 읽으며 내용 파악하는 시간을 확 줄일 수 있고, 내용 이해도 잘 되어 아이들끼리 토의도 잘 이루어지고 진행이 잘 되어 만족스러웠다.

동아리에서 활용한 노벨엔지니어링 과정을 간단히 정리하면 다음과 같다.

1단계	<구름빵> 동영상 시청	동영상을 보기 전에 교사가 아이들이 생각할 부분에 대해 언급해준다. "이 영상에서 위험한 상황이 종종 나오는데, 그 부분을 찾으면서 보면 좋겠어."
2단계	동영상 시청 후 문제점 발견 및 토의	모둠(혹은 짝)끼리 동영상에서 발견한 문제 상황을 서로 이야기한다. 짝보다는 모둠끼리 이야기하게 하면 아이들마다 서로 다른 관점을 말하기 때문에 교사도 미처 생각하지 못한 창의적인 문제 상황이 나오기도 한다.
3단계	문제점 공유 및 문제 선정	모둠끼리 서로 발견한 문제 상황들을 공유하여 자신이 미처 생각하지 못한 문제 상황을 확인하게 한다. 문제 상황을 다 공유하면 제일 해결이 시급한 문제를 모둠끼리 협의하여 선정한다.
4단계	해결책 구상 및 제작	모둠원이 협력하여 문제 상황을 해결할 수 있는 해결책에 대해 이야기하며 협동하여 Lego로 제작한다.
5단계	해결책 발표 및 피드백	각자 선정한 문제 상황을 이야기한 후, 그 문제 상황을 해결할 해결책을 발표한다. 이때 코딩으로 해결책을 움직이게 할 수 있어 시뮬레이션 발표도 가능하다. 발표가 끝난 후, 다른 모둠에서 그 해결책에 대한 피드백을 해주며 개선 방향을 잡아준다.
6단계	해결책 현실 반영	모둠이 직접 제작한 해결책을 우리가 사는 현실에서는 어떻게 적용되어 보일지 이야기한다. 해결책을 사용하는 사람의 모습을 그려보면 더욱 명확해진다.

이러한 절차로 아이들이 동아리 수업을 따라왔는데, 레고 블록을 직접 조립하고 움직이게 하니 매우 좋아했다. 단순히 수업에서 상상으로 문

제 상황에 대한 해결책을 마련한 것이 아니라, 직접 손으로 블록을 통해 해결책을 만들어보고 눈으로 움직임을 확인하는 흥미있는 과정이었던 것이다. 이 과정에서 크나큰 동기를 느끼고 문제 상황에 몰입한 것으로 보인다. 이렇듯 노벨엔지니어링 자체도 흥미도가 높지만, 아이들의 참여 의욕을 이끌어내는 텍스트와 교구 선정이 뒷받침된다면 그 효과는 배가 된다.

정리하면 노벨엔지니어링을 활용할 때 아이들에게 제시할 텍스트가 굳이 문학작품(책)에 한정될 필요는 없다. 아이들이 좋아하는 멀티미디어 자료나 교사가 직접 들려주는 스토리텔링도 훌륭한 텍스트 자료가 될 수 있다. 즉, 아이들이 흥미있게 몰입하고, 그 속에 문제점만 담고 있다면 무엇이든 가능하다는 얘기다.

실제로 3학년 2학기 국어 1단원에서는 만화영화를 시청하고 등장인물의 표정, 몸짓, 말투 등을 확인하는 차시가 있다. 수업 시 사용할 수 있는 텍스트 선택권은 교사의 재량에 따라 넓어진다. 텍스트 말고도 노벨엔지니어링에서 전반적으로 활용할 교구도 다양하게 제시하여 활용하면 보다 다양한 분야로 접근하며 보다 의미있는 수업이 될 것이다.

노벨엔지니어링 교과 활용 사례

흥미를 우선으로 한 교육과정 설계!

    레고 Wedo 2.0 키트가 여러 개 생겨서 처음부터 아이들과 함께 Lego를 만져보고 자신의 생각을 표현해나가면 좋겠다고 생각했다. 그래서 학년이 시작되기 전, 교육과정을 분석해보았는데, 노벨엔지니어링에 이용한 2015 개정 교육과정 성취기준은 다음과 같다.

	과목	교육과정 성취기준
	사회	[4사01-05] 옛날과 오늘날의 교통수단에 관한 자료를 바탕으로 하여 교통수단의 발달에 따른 생활모습의 변화를 설명한다.
	국어	[4국03-02(쓰기)] 시간의 흐름에 따라 사건이나 행동이 드러나게 글을 쓴다. [4국02-05(읽기)] 읽기 경험과 느낌을 다른 사람과 나누는 태도를 지닌다.
	사회	[4미02-04] 표현 방법과 과정에 관심을 가지고 계획할 수 있다

초등학교 3학년 1학기 사회 3단원 '교통수단과 통신 수단의 변화'에서는 아이들이 관심 많은 교통수단과 통신수단에 대해 배우게 된다. 옛날에서 오늘날에 이르기까지 교통수단이 발달하는 것을 보며 그에 따른 생활 모습을 학습한다. 그중 7차시 '교통수단의 발달로 달라질 미래의 생활 모습을 예상해봅시다'를 중심으로 계획했다. 보통 이 차시를 공부할 때에는 미래의 교통수단을 계획하고 스케치하는 것에 그치는데, 아이들이 계획한 것을 직접 만들어서 움직이게 해본다면 정말 흥미를 느끼고 적극적으로 활동에 참여할 것이라는 기대가 생겼다.

국어는 6단원 일이 일어난 까닭 중 6~7차시 '원인과 결과를 생각하며 이야기를 꾸밀 수 있다'를 이용했다. 노벨엔지니어링은 국어 텍스트를 활용해서 마무리 짓는 것이 필요하기에, 자신이 계획하고 만든 미래의 교통수단을 활용해서 이야기와 연결하는 활동을 넣어보기로 계획했다. 교통수단과 관련된 이야기를 찾다가 적당히 길지도 않고 그림으로 이용하는 모습을 잘 그려낸 책을 찾았다. 〈올리, 제주도 가다〉라는 책이었다.

아이들이 사는 곳이 나주여서, 지하철을 이용한 경험이 적어서 걱정이었는데(나주엔 지하철이 없다), 이 책에는 지하철을 이용하는 모습이 그림으로 귀엽게 잘 나와서 아이들이 이해하기 편해 보였다. 그리고 아이들이 미래 교통수단을 계획하고 레고로 표현하면, 주인공 올리가 그 교통수단을 타고 제주도에 간다고 뒷이야기를 쓰는 활동으로 노벨엔지니어링을 마무리하는 걸로 정했다. 서로 열심히 쓴 이야기를 발표하고 경청하면 그것도 특별한 경험이 될 거라 믿으며 프로젝트를 계획했다.

레고로 조립하는 과정은 미술 성취기준을 이용했다. 그냥 아이들에게 계획 없이 만들어보라고 하면, 자신들이 만들고 싶은 것만 만들기 때문에 먼저 스케치로 간단하게 그려보며 계획을 하게 했다. 그러면 아이들도 생각을 구체화하면서 의미 있는 결과를 만들어낼 수 있기 때문이다. 그렇게 계획한 노벨엔지니어링 프로젝트는 다음과 같다.

차시	과목	학습 내용
1~3	국어/사회	1) <올리, 제주도 가다>를 읽으며 오늘날 교통수단을 이용하는 생활모습 이야기하기 2) 오늘날 교통수단의 특징 이야기하기
4~5	미술	오늘날 교통수단의 특징을 보완하는 미래 교통수단 디자인하기
6~7	사회	자신들이 계획한 미래 교통수단을 Lego wedo 2.0으로 제작하고 발표하기
8	국어	자신들이 제작한 교통수단을 활용한 뒷이야기 꾸미기

짧게 8차시로 진행했던 이 프로젝트 수업을 소개한다.

의욕이 수업을 만든다

<올리, 제주도 가다>는 짧은 동화책이라 교사가 직접 읽어주고, 아이들이 그림을 보며 듣는 식으로 진행했다. 이야기를 읽으면서 그림에서 볼 수 있는 것들, 교통수단과 관련된 경험을 말하도록 하며 오늘날 교통수단을 이용하는 모습에 대해 알아보았다. 다 읽고 나서, 교통수단마다 이용하는 곳, 걸리는 시간, 탈 수 있는 사람, 연료 등 다양한 특징에 대해 생각해보게 하고, 개선할 점(불편한 점)을 이야기했다.

"배는 너무 시간이 오래 걸린다."

"대부분 배기가스 때문에 환경오염을 시킨다."

"기차는 막히지 않아서 좋은데 주어진 길로만 가야 한다."

"차 안에 휴게실 같은 공간이 있으면 좋겠다."

그래서 다음 시간부터는 방금 학생들이 이야기한 불편한 점을 개선할 미래 교통수단을 디자인해보고 직접 레고로 만들어볼 것이라고 예고했다. 예고만 했을 뿐인데, 오늘 당장 만들자고 반이 떠들썩하며 의욕을 보였다. 안 그래도 아이들이 좋아하는 교통수단 꾸미기인데 거기에 레고가 붙으니 쉬는 시간에도 지금 하자고 고집을 피웠다. 레고 부품에 대해 알아볼 겸 져주기로 했다. 레고 어플리케이션을 이용해서 기초 단계- 달팽이를 만들어보며 코딩도 해보라고 제시했다. 4~5명이 한 모둠인데도 싸우지 않고 싱글벙글 블록을 만져가며 이야기했다.

모두가 꿈꾸는 소통과 협력이 교실에 가득 찬 훈훈한 풍경이었다.

이렇게 아이들을 달래고 며칠이 지나서, 미술시간이 되었다. 아이들에게 각자 계획서 1장씩 나눠주고, 주어진 시간 동안 자신이 생각하는 미래 교통수단을 계획해서 그려보고 모둠 친구들과 잘된 작품을 선정하도록 했다. 그 선정된 디자인으로 모둠 전체가 협동해서 만들기로 했다. 그렇게 모둠마다 1개씩 최종 디자인을 뽑았는데 똘똘한 아이디어가 많이 나왔다.

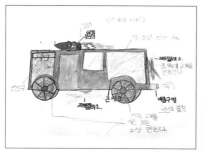

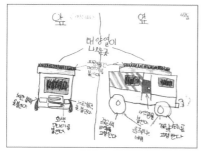
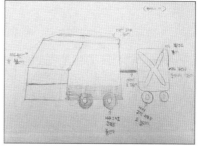

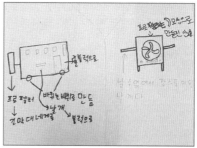

태양열 자동차, 하늘을 나는 버스, 무거운 짐도 쉽게 나르는 차, 바람의 힘으로 움직이는 자동차, 하늘을 나는 기차, 캠핑카보다 편안한 차···. 듣기만 해도 한 번쯤 타보고 싶은 교통수단을 디자인했다. 아이들이 레고를 만지면서 자신이 상상한 미래 교통수단을 계획해서 그려보고, 친구들과 이야기하며 최종 디자인을 선정하기까지 많은 과정을 거쳤다.

그러나 아이들은 그 과정 속에서 다투지 않고 의젓하게 서로를 배려하며 같이 활동에 적극적으로 참여해나가는 모습을 보였다. 자신들이 무언가를 하고 싶다는 의욕과 활동에 대한 몰입이 계속 이어지도록 자연스레 협동과 소통의 분위기를 만들어낸 게 아닐까 생각한다.

격려의 힘

아직 저경력 교사이지만, 어쩌다 보니 전체 공개수업을 하게 됐다. 우리 학교는 36학급 규모의 학교로, 작은 학교는 아니기에 부담이 컸다. 그래도 이왕 하기로 한 거, 아이들이 직접 설계한 디자인을 보고 레고로 만드는 수업을 공개하기로 마음먹었다. 수업을 망칠 바엔 새로운 것을 시도해서 망치는 게 낫겠다는 속셈이기도 했다.

아이들에게는 우리가 열심히 준비해 온 것을 우리만 알기에는 아까우니 많은 선생님들께 보여드리자고 선언했다. 교실은 아이들의 아우성으로 가득찼다. 공개수업일이 다가올수록 수업이 생각대로 되지 않을 것 같고, 시간 안에 못 끝낼 것 같은 걱정이 점점 커져갔다. 같은 학교 선생님들께 조언을 구했다.

"아이들이 재밌게 활동에 참여하는 모습이면 괜찮을 거예요. 아이들이 레고로 무언가를 만들어서 설명하게 하는 건 우리 학교에서도 처음이니까 그 자체가 의미 있고 대단하지 않을까요? 선생님, 잘하실 거예요. 준비 많이 하셨네."

누구나 해줄 수 있는 말이지만, 큰 힘이 되었다. 물론 그때, 동 학년 선생님들도 옆에서 많이 도와주시면서 충분히 잘해낼 거라고 격려해주셔서 부담을 조금 덜어냈다. 공개수업 직전, 평상시와 다르게 긴장한 모습이 보였는지 아이들이 한목소리로 열심히 하겠다고 말했다. 당연한 소리였지만 아이들이 너무 고마웠다. 격려해준 모든 사람들을 위해서 좋은 수업과 활동을 보여줘야겠다! 하는 마음으로 수업을 시작했다. 작은 격려의 한마디가 이렇게 자신감을 만들어내듯, 앞으로 아이들을 비롯해서 주변 동료 선생님들께 격려와 칭찬을 자주 해야겠다고 새삼 다짐했다.

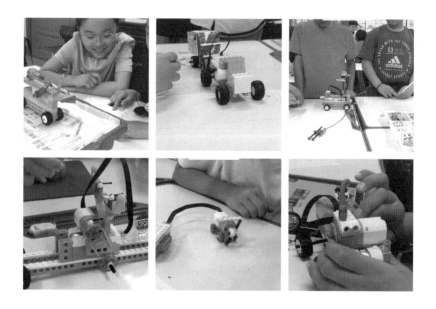

정해진 40분이라는 시간 동안 만들고 결과물을 나누는 건 촉박했지만, 아이들은 짜증내지 않고 즐겁게 만들고 이야기하면서 마무리했다. 수업 후 협의회에서 좋은 격려의 말씀을 많이 해주셨다.

"아이들이 안 싸우고 집중해서 만드는 모습이 인상적이었다."
"나중에 꼭 활용해봐야겠다, 좋은 수업 공개해줘서 감사했다."
"아이들에게 좋은 경험을 만들어줘서 그 아이들이 행복하겠다."
"레고를 수업에 사용하는 건 생각하지 못했는데, 신선한 수업이었다."

이런 격려들이 없었다면, 전체 공개수업은 지옥이 됐을지도 모르고 아이들에게 좋은 추억을 안겨주지도 못했을 것이다.

공개수업 후, 〈올리, 제주도 가다〉에서 모둠별로 만든 교통수단을 활용한 뒷이야기를 서로 상상하여 발표해 보고 마무리 지었다. 그러면서 이번 프로젝트 수업에 대한 아이들의 생각을 들어봤다.

"레고를 여러 번 만들어봤지만, 이번에 친구들과 만든 게 정말 기억에 남아요."
"2학기에도 이런 프로젝트로 레고 만들기 하면 좋겠어요."
"그동안 만든 만들기 작품은 안 움직였는데, 이렇게 움직이게 만들고 친구들 설명 들으러 돌아다니는 게 재미있었어요."

아이들의 사소한 생각과 느낌들이 하나하나 모여 교사인 나를 자극한다. 교사는 1년 동안 아이들과 수업을 함께하고, 그 수업을 위해 여러 가지 활동들을 준비한다. 열심히 준비한 활동에 대한 아이들의 반응이 폭발적이면 보람과 기쁨을 느끼듯, 아이들과 노벨엔지니어링을 함께하는 이유는 서로 윈-윈하기 때문이다.

아이들은 친구들과 함께 즐거운 수업에 몰입하여 학습하고, 새롭고 흥미로운 경험과 성취감을 얻는다. 교사는 몰입하여 서로 협동하고 소통하는 아이들의 모습에 보람을 느껴 성취감과 다음 수업을 준비할 수 있는 긍정적인 에너지를 얻는다. 몰입교실 연구회에서 알게 된 노벨엔지니어링은 우리 아이들과 교실 분위기, 교사에게까지 긍정적인 변화를 가져와 다른 교사들에게도 알려주고 싶었다. 노벨엔지니어링이 처음 보기에는 복잡한 과정을 갖고 있지만, 텍스트, 방법을 유동적으로 적용할 수 있다는 점을 꼭 기억하고 현장에 적용해보면 좋겠다. 특히 아이들의 몰입과 교사의 신뢰는 한 덩어리처럼 교실과 수업에 작용하여 크나큰 에너지로 발현된다는 것을 말하고 싶다. 몰입교실과 노벨엔지니어링을 바탕으로, 많은 아이들이 즐거운 마음으로 자신의 꿈과 기회를 펼쳐나갈 수 있는 멋진 현장이 만들어지길 기원한다.

Chapter 5

에듀테크로
살아있는 평가

구글 클래스룸

구글 클래스룸은 다양한 수업을 위한 자료와 과제를 관리하고 평가와 피드백을 할 수 있는 강력한 도구이다. 구글 클래스룸을 이용하면 선생님은 부가적인 업무에 불필요한 시간을 줄일 수 있고, 학생과 면대면 하는 시간에 보다 많은 시간을 사용할 수 있다. 질문과 토론으로 구성되는 수업에서 특별히 요구되는 것은 교사의 면대면 수업시간 확보이기 때문이다.

또한 구글 클래스룸을 이용하면 학생별로 차별화된 교육 진도와 관리를 통하여 학생에게 선택권을 부여할 수 있고 교육의 본질인 학생이 스스로 이해하고, 깨닫는데 도움이 된다. 또한 이것을 이용하면 학생과의 보다 긴밀한 소통으로 학생의 수업에 대한 관심을 높일 수 있고, 선생님도 보다 관계중심의 학교생활이 가능하다. 구글 클래스룸에서 제공하는 기능은 학생마다 수업에 필요한 자료를 등록하고 과제를 부여하고 장소와 시간이 달라도 질문하고 답변할 수 있으며, 학생들이 선호하는 풍부한 동영상자료를 이용하여 학생의 공간과 방법으로 스스로 학습할 수 있다. 수업시간 전에 미리 학습할 내용을 전달하고, 과제를 정리하고, 과제의 점수를 부여하고, 학생에게 부족한 부분을 알려줄 수 있고, 작성 방향에 대해서 의견을 제시할 수 있다. 관리하기 어려운 많은 종이 과제 대신에 구글의 강력한 검색엔진을 이용하여 필요할 경우에 원하는 자료를 찾을 수 있고 학교 컴퓨터가 아니더라도 외부에서도 학생과 지속적으로 연결될 수 있다. 모든 내용은 안전한 클라우드에 저장되어 보관된다.

구글 시작화면 우측 상단의 버튼을 클릭하거나 검색창에 '구글 클래스룸'을 검색한 후 접속하면 구글 계정으로 로그인하라는 메시지가 뜬다. 구글 계정으로 로그인을 하면 기존에 만들어 놓은 클래스룸과 함께 구글 클래스룸의 시작화면이 나타난다.

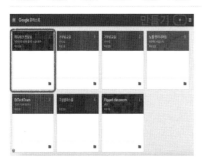

클래스를 개설한다. 우측 상단의 '+'를 클릭하면 반을 새로 만들거나 기존의 만들어진 반에 코드를 입력하여 들어갈 수 있다. 처음 들어온 경우, 새로운 반을 개설하면 된다.

새로운 반이 개설되었다면 이제 학생들을 초대하면 된다. 초대하는 방식은 교사가 만들어놓은 반의 고유코드를 알려주면 된다. 학생들은 태블릿이나 스마트폰에 구글 클래스룸 앱을 설치하고, 교사가 알려준 코드를 입력하면 바로 반에 가입이 된다.

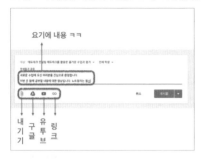

클래스룸을 통해 교사는, 자료를 게시하거나 수행평가 활동지 같은 과제를 부여하거나 단원평가 같은 퀴즈 과제를 부여할 수 있다. 플립러닝으로 수업을 운영할 경우에는 학생들이 미리 보고 올 예습영상을 내 기기, 구글 드라이브, 유튜브, 또는 링크를 통해 제공할 수 있다.

가장 간편하고 효과적인 방법은 유튜브를 활용하는 것이다. 유튜브 버튼을 클릭하고 이동하면 클래스룸 자체에서 유튜브 영상을 검색하거나 또는 URL을 입력하여 아주 쉽게 영상자료를 공유할 수 있다.

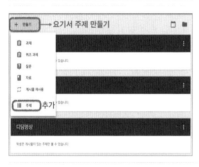

또한 수업을 운영할 때 주제를 생성하여 단원별로 분류해서 자료를 공유하고 과제를 제공하는 것도 아주 효과적이다. 만들기 버튼을 클릭한 후 가장 아래쪽에 위치한 주제 버튼을 눌러 진행되는 수업의 주제를 미리 입력하고 운영하면 효율적으로 운영할 수 있다.

가장 많이 활용하는 구글 클래스룸의 기능은 바로 과정중심평가에 활용하는 것이다. 구글 클래스룸과 연동되어 있는 구글설문지 기능을 통해 쉽고 간편하게 퀴즈를 진행할 수 있고, 그 결과를 바로 알 수 있어 학생들의 성장과정을 이해하고 피드백할 수 있다.

Kahoot으로 진단평가하기

Kahoot 만들기

　카훗은 쉽고 재미있게 지난 시간 배운 내용에 대해 정리해보거나 오늘 배울 내용에 대해 동기유발을 할 수 있는 에듀테크이다. 전 세계 수만 명의 교사들이 사용하고 있으며 앞으로도 더 많이 확대되어 사용할 것으로 보인다. 사용자들은 이것의 가장 큰 장점으로 만들기가 쉽다는 점을 꼽는다. 또 이미 많은 사용자를 보유하고 있어 좋은 콘텐츠들이 충분히 마련되어 있다는 점을 들 수 있다.

　특히 특유의 긴장감을 불러일으키는 배경음악과 정확도 및 신속도에 따라 차등 지급되는 배점형식 등 다양한 게이미케이션 요소를 가지고 있어서 전 세계 많은 교실에서 사랑받고 있다. 카훗으로 어떻게 나만의 즐거운 카훗을 만들고 아이들과 즐겁게 활동하는지 알아보도록 하자.

검색창에 카훗(kahoot)을 검색하면 두개의 사이트가 나온다. 카훗.it은 학생들이 수업에 참여하기 위해 사용하는 사이트이다.

교사들이 접속할 사이트는 두 번째 검색되는 Kahoot.com이다. 이것을 접속하면 실제로 수업에 사용할 수 있는 형성평가 문제를 출제할 수 있다.

카훗에 처음 접속하면 왼쪽과 같은 소개 영상들과 사이트 기능을 소개하는 글들을 볼 수 있다. 전체적인 기능을 알고 싶다면 영상들을 재생하면 좋다.

사이트를 이용하려면 먼저 가입을 해야 한다. 우측 상단에 sing up을 클릭하여 가입창으로 이동한다.

카훗은 다양한 계층에서 사용되고 있기 때문에 내가 어떤 용도로 사용할지 선택하는 창이 나온다.

교사, 학생, 지역, 일자리 등 자신이 사용하고자 하는 목적에 맞게 선택하면 된다. 당연히 '교사'를 선택하면 다음 창으로 넘어간다.

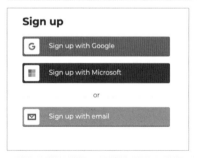

최근의 다른 플랫폼과 마찬가지로 카훗 역시 구글 계정과 마이크로소프트 계정을 통해서 가입할 수 있다. 또한 자신만의 계정을 만들고 싶다면 이메일을 통해 계정을 새로 생성할 수 있다.

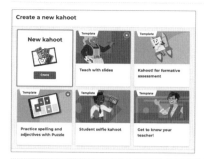

이제 본격적으로 형성평가를 만들어 보자.

총 4종류의 형성평가를 만들 수 있는데, 가장 처음에 있는 퀴즈 형식의 형성평가를 선택한다. 문장의 순서를 잡는 형태의 형성평가도 만들 수 있고, 토론이나 설문을 하는 형태도 생성이 가능하다.

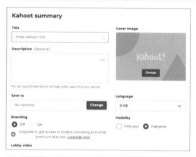

가장 먼저 할 일은 초기 세팅이다.

형성평가 제목을 정하고, 형성평가 내용에 대한 설명을 쓰고, 시작할 때 보여주고 싶은 그림을 추가하고, 마지막으로 팀원들이 접속할 때 틀어주고 싶은 영상을 추가할 수 있다.

영상은 유튜브 영상을 링크 붙여넣기 방식으로 추가할 수 있다.

초기 세팅이 끝나면 이제 한 문제 한 문제 원하는 형성평가 문제를 출제하면 된다. 직관적인 UI를 가지고 있어서 한눈에 문제에 대해 알 수 있다.

좌측에 문제 그림과 문장, 그리고 우측에는 제한 시간과 수정, 삭제 버튼이 있다. 수정을 하고 싶으면 연필 버튼을 클릭해 수정모드로 들어갈 수 있다.

수정모드에서는 문제를 수정하거나 제시되는 그림을 바꿀 수 있다.

카훗의 가장 큰 장점은 문제를 출제하기 편하다는 것인데, 기존의 학습지를 캡처한 후 그대로 추가하면 완성되기 때문에 아주 쉽게 출제할 수 있다.

클래스 카드로 메타인지 자극하기

클래스 카드는 학생들이 플랫폼 안에서 다양한 게이미피케이션 활동을 통해 배운 내용을 복습하고, 학습한 양과 성취 관련 데이터를 분석하고, 이를 지표화한 학습 리포트를 제공하는 서비스이다.

이를 통해 학생 개개인의 학습 수준을 객관적으로 점검할 수 있고, 개인의 종합적인 학습성취도를 확인할 수 있다. 특히 손쉬운 과제제시 및 메타인지 자극 활동, 다양한 콘텐츠 구성으로 교사, 학부모, 학생 모두가 좋아할 요소를 갖추고 있다. 그뿐만 아니라 교사가 직접 문제를 구성할 수 있고, 자료를 공유할 수 있다는 장점이 있다.

검색창에 클래스 카드를 검색하면 사이트가 검색이 되는데, 사이트에 접속하여 실제로 단원 마무리에 사용할 수 있는 형성평가 문제를 출제할 수 있다.

초기화면의 세트 만들기를 통해 직접 형성평가 문제를 만들 수도 있고, 검색 기능을 통해 전국의 선생님들이 만들어놓은 세트를 활용할 수도 있다.

새 세트를 만들기 위해서 세트 만들기를 클릭하면 어떤 종류의 세트를 만들 것인지에 대해 묻는다. 단어형, 문장형, 용어형, 문제형 등 자신이 사용할 형태에 가장 적합한 템플릿을 선택 후 세트를 만들 수 있다.

클래스 카드는 다양한 계층에서 사용되고 있기 때문에 내가 어떤 용도로 사용할지 자신이 사용하고자 하는 목적에 맞게 선택하면 된다.

세트를 만들기 위해서는 우선 세트의 제목과 각 세트에 용어 및 설명을 넣어주어야 한다. 필요하다면 사진 자료를 첨부할 수도 있다.

사용의 편의를 위해서라면 세트 제목을 '6-2-1 전기의 이용'처럼 학년-학기-단원-단원명으로 지정해놓으면 좋다.

이렇게 완성된 세트는 링크를 구글 클래스룸에 연결하여 학생들이 복습할 수 있는 자료로 활용할 수 있다.

암기, 리콜, 스펠학습을 통해 스스로 자신이 알고 있는 내용과 알지 못하는 내용에 대해 성찰하고 메타인지를 자극할 수 있다.

학생들이 암기, 리콜, 스펠학습을 통해 자신들이 배운 내용에 대해 성찰했다면 클래스 배틀을 통해 최종적으로 점검할 수 있다.
교사는 배틀을 진행할 시간 및 각 문항에 오류가 없는지 확인하고 배틀시작 버튼을 눌러 학생들이 참여할 수 있도록 한다.

학생들은 구글 클래스룸에 미리 입력되어 있는 링크를 통하거나 또는 인터넷 주소창에 b.classcard.net을 눌러 클래스 배틀에 참여한다.
교사가 제공해준 클래스코드를 입력하고 자신의 이름을 입력하면 클래스배틀을 할 준비가 완료된다.

구글 퀴즈로 평가하기

구글 퀴즈

구글 퀴즈는 구글 클래스룸의 핵심적 기능 중 하나로 교사가 과정중심평가의 목적에 맞게 학생에게 평가지를 제공하고, 다양한 성취 관련 데이터를 수집하고, 이를 바탕으로 즉각적인 피드백을 할 수 있는 과정중심평가 플랫폼이다.

이를 통해 교사는 학생 개개인의 현재 학습 수준을 파악할 수 있고 개인의 종합적인 학습성취도, 응용력, 학습 열정, 성장 수준을 실시간으로 확인할 수 있다. 특히 즉각적인 피드백과 손쉬운 사용 방법, 그리고 뛰어난 LMS 기능을 가지고 있어 학생의 성장을 평가하는 과정중심평가의 핵심적 역할을 할 수 있다. 구글 설문지(Google Forms)는 원래 온라인으로 설문지를 제작, 배부하여 설문 결과를 직관적인 디자인의 도형으로 보여주기도 하고, 구글 스프레드시트와 협업하여 설문 결과를 관리하는 역할을 하는 도구이다. 그런데 구글 설문지에 있는 퀴즈 만들기 기능을 활용하면 질문에 점수 값을 부여하고 자동 채점과 점수 수합이 가능한 스마트 시험지로 바꿀 수도 있다. 구글 설문지의 기본 기능뿐만 아니라 부가기능(add-on)을 활용하면 활용 폭이 훨씬 넓어진다.

부가기능인 폼퍼블리셔(FormPublisher)를 활용하면 퀴즈 결과를 구글 문서 파일이나 PDF 파일로 자동 생성하여 학생이나 학부모에게 성적표를 만들어 보낼 수도 있다. 폼리미터(FormLimiter)는 자동으로 응답자 수를 제한하거나 응답 기간을 제한할 수 있는 부가기능이다.

구글 설문지를 이용하려면, 구글(www.google.com)에서 '구글 설문지'를 검색하는 방법도 있고, 자신의 구글 계정으로 로그인 후 오른쪽 위 구글 바를 사용하여 한 번에 들어갈 수도 있다.
또는 구글 드라이브에서 '+새로 만들기' 버튼을 클릭하여 새로운 설문지를 만들 수도 있다.

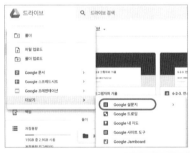

왼쪽 위에 보이는 톱니바퀴 모양을 눌러주면 설정 창이 나타난다.
설정 탭에는 [일반]과 [프레젠테이션] 그리고 [퀴즈] 탭이 있는데, 그중 [퀴즈] 탭에서 '퀴즈 만들기'를 활성화하면 구글 설문지가 채점하는 능력을 가진 시험지로 변하게 된다.

톱니바퀴 모양의 '설정' 버튼을 클릭하면 설정 창이 나타난다.

설정 메뉴에서 [퀴즈] 탭을 선택한다.

'퀴즈로 만들기'를 활성화하면 질문에 점수 값을 할당하고 자동 채점을 허용한다.

.퀴즈 옵션에서 답안을 제출 후 성적을 바로 공개할 것인지 교사가 검토 후 공개할 것인지 선택할 수 있다.

응답자가 볼 수 있는 항목:

☑ 틀린 문제 ❓

☐ 정답 ❓

☑ 포인트 값 ❓

답안 제출 후 응답자가 확인할 수 있는 항목도 설정할 수 있다. 틀린 문제와, 정답, 점수를 확인할지 여부를 선택할 수 있다.

문항 만들기

　　문항은 질문 내용을 작성한 후 문항의 종류를 선택하고 답안과 배점
을 설정하는 것으로 만들 수 있다. 문항 종류에는 객관식, 단답형, 장문형,
그리드 등이 있으며 문항에 추가 설명이나 이미지, 동영상을 추가할 수도
있다.

❶ '제목 없는 질문'을 클릭하면 질문 내용을 작
　성할 수 있다.
❷ 문항 선택 버튼을 클릭하면 단답형, 장문형,
　객관식 질문, 체크박스, 드롭다운 등의 문항
　종류를 선택할 수 있다.

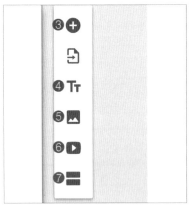

❸ 질문 추가
❹ 제목 및 설명 추가
❺ 이미지 추가
❻ 동영상 추가
❼ 섹션 추가

❽ 객관식 질문의 경우 선택지의 내용을 작성할 수 있다.

❾ '옵션 추가'를 클릭하여 선택지를 추가할 수 있다.

❿ '답안' 버튼을 클릭하여 정답과 배점을 설정할 수 있다.

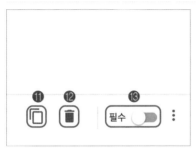

⓫ '복사' 아이콘을 클릭하면 같은 형태의 질문을 추가할 수 있다.

⓬ 질문을 삭제할 수 있다.

⓭ '필수'를 활성화하면 반드시 질문에 답을 해야 설문을 제출할 수 있다.

퀴즈 전송하기

    퀴즈 문항이 모두 준비되면 퀴즈를 학생들에게 배부해야 한다. 퀴즈는 이메일로 배부하거나 퀴즈에 참여할 수 있는 링크를 보내거나 HTML에 삽입하는 방법이 있다.

❶ 테마 맞춤설정
❷ 미리보기
❸ 설정
❹ 보내기(퀴즈 배부하기)

❺ '이메일' 탭을 선택하면 학생의 이메일 주소를 ❻에 입력하여 퀴즈를 배부할 수 있다.

❼ '링크' 탭을 선택하면 퀴즈에 참여할 수 있는 링크가 자동으로 생성된다. 링크를 복사하여 학급 SNS나 구글 클래스룸에 게시할 수 있다. URL 단축 버튼을 클릭하여 링크를 짧게 만들 수도 있다.

몰입교실을 꿈꾸는 교사

몰입교실을 꿈꾸는 교사를 위한 마인드 셋에 대한 이야기로 마무리하려고 한다.

몰입교실을 꿈꾼다면 교사인 우리가 먼저 몰입하자

교실에서 가장 영감을 주는 예는 바로 교사이다. 교실에서 무엇에 몰입할 수 있는지, 어떻게 시작하면 좋은지 학생들이 상상하고 느낄 수 있도록 다양한 예를 직접 보여주는 것만큼 강력한 예시는 없다. 학생들이 더 많이 참여하고 즐길 수 있는 교구를 개발하거나 다양한 수업방법을 끊임없이 개발하는 모습을 보여주자. 더 나아가 학생들이 단순히 교사를 모방하는 정도에서 그치는 것이 아니라 무엇을 다르게 할 수 있을지, 어떻게 자신의 것으로 만들 수 있을지를 끊임없이 변경하고 수정할 수 있도록 피드백 하는 것도 잊어서는 안 된다.

손과 발을 많이 움직이게 수업을 구성하자

많은 사람들이 몰입은 머릿속에서 이루어진다고 생각하지만 손이나 발에서 시작하는 노작활동도 몰입에 매우 중요하다. 학생들이 무엇인가에 몰입할 수 있도록 여러 가지 재료를 가지고 놀아보게 하자. 아이들은 다양한 재료를 가지고 이렇게 저렇게 해보면서 새로운 몰입 아이디어를 얻는다. 아무 생각 없이 시작했던 게 몰입의 시작점이 되기도 한다.

이런 경우도 있었다. 한번은 수업정리를 학생들에게 시켰다. 어떤 방법이든 좋으니 자신이 하고 싶은 방법으로 정리를 하라고 했더니, 매번 제일 뒤에서 딴짓만 하던 아이가 랩으로 수업정리를 했다. 뜻밖에도 반 아이들의 반응이 폭발적이었다. 그 반응에 영감을 얻어 모든 수업 내용을 랩으로 만들어 공유하기도 했다.

다양한 환경을 제공하자

아이들은 주변에 있는 장난감, 도구, 재료, 환경에 깊은 영향을 받는다. 아이들이 몰입하게 하려면 게임, 그림, 음악 같은 다양한 것을 접하게 해야 한다. 로봇키트나 3D프린터 같은 첨단 신기술도 중요하고, 수수깡, 종이, 천 같은 전통적인 재료도 중요하다.

그리고 심리적 안정감을 줄 수 있는 교실 환경도 중요하다. 몰입교실 교사들은 교실의 구역을 분리하여 학생들로 하여금 다양한 환경에 접하도록 하고 있다. 교실 가운데는 학습공간으로 주로 모둠을 배치하고, 한쪽에는 독서실 책상을 배치하여 혼자 스스로 공부하고 싶어 하는 아이들을 배려한다. 또 한쪽에는 플레이 그라운드를 제공하여 언제든지 놀이를 접하고 자신의 생각을 다양하게 표현할 수 있게 하며, 또 한쪽에는 평화 구역을 설정하여 심리적으로 안정되지 않은 친구들이 상담이나 심리적 안정을 취할 수 있게 환경을 구성하고 있다.

공감하고 받아들이자

학생들은 자신이 주도권을 가지고 능동적으로 무엇인가를 만들 때 몰입한다. 그것이 항상 멋지고 좋은 결과물을 내는 것은 아니다. 하지만 결과물보다 더 중요한 것은 '만드는 과정'이다. 어떤 결과물을 도출하는 데 집중하는 것이 아니라 그것을 만드는 과정에 집중할 수 있도록 질문하고 피드백해야 한다. 중간 중간 교사와 이야기를 나누고 다음 과정에 대해 설명할 수 있는 기회를 줌으로써 학생 스스로 과정에 집중할 수 있는 환경을 만들어주자.

충분한 시간을 주고 믿고 기다려주자

몰입을 위해서는 노력과 시간이 필요하다. 이렇게도 해보고 저렇게도 해보려면 시간이 오래 걸리는 게 당연하다. 그러나 교사가 시간을 제약하고 조급해하면 학생들은 새로운 것에 대한 도전을 꺼리게 되고 자꾸 정답을 찾으려고만 한다. 그렇기 때문에 수업의 변화를 통한 충분한 시간 확보가 중요하다. 기존의 방식으로는 이런 충분한 시간 확보가 어렵기 때문이다. 기존의 수업처럼 지식을 전달하고 전달한 내용을 평가하는 존재가 아니라 충분한 시간을 제공하고 진심으로 함께 연구하고 도움을 주는 협력자 역할이 필요한 것이다.

참고문헌

김인철 외 6명 (2018). 『초등 프로젝트 수업』. 지식프레임.
박종필 외 4명 (2019). 『교실의 미래 구글 클래스룸』. 프리렉.
위키백과. https://ko.wikipedia.org/wiki/

삶의 행복을 꿈꾸는 교육은 어디에서 오는가?

미래 100년을 향한 새로운 교육 | 혁신교육을 실천하는 교사들의 필독서

교육혁명을 앞당기는 배움책 이야기 혁신교육의 철학과 잉걸진 미래를 만나다!

한국교육연구네트워크 총서

01 핀란드 교육혁명
한국교육연구네트워크 엮음 | 320쪽 | 값 15,000원

02 일제고사를 넘어서
한국교육연구네트워크 엮음 | 284쪽 | 값 13,000원

03 새로운 사회를 여는 교육혁명
한국교육연구네트워크 엮음 | 380쪽 | 값 17,000원

04 교장제도 혁명
한국교육연구네트워크 엮음 | 268쪽 | 값 14,000원

05 새로운 사회를 여는 교육자치 혁명
한국교육연구네트워크 엮음 | 312쪽 | 값 15,000원

06 혁신학교에 대한 교육학적 성찰
한국교육연구네트워크 엮음 | 308쪽 | 값 15,000원

07 진보주의 교육의 세계적 동향
한국교육연구네트워크 엮음 | 324쪽 | 값 17,000원
2018 세종도서 학술부문

08 더 나은 세상을 위한 학교혁명
한국교육연구네트워크 엮음 | 404쪽 | 값 21,000원
2018 세종도서 교양부문

혁신학교
성열관·이순철 지음 | 224쪽 | 값 12,000원

행복한 혁신학교 만들기
초등교육과정연구모임 지음 | 264쪽 | 값 13,000원

서울형 혁신학교 이야기
이부영 지음 | 320쪽 | 값 15,000원

혁신교육, 철학을 만나다
브렌트 데이비스·데니스 수마라 지음
현인철·서용선 옮김 | 304쪽 | 값 15,000원

혁신교육 존 듀이에게 묻다
서용선 지음 | 292쪽 | 값 14,000원

다시 읽는 조선 교육사
이만규 지음 | 750쪽 | 값 33,000원

대한민국 교육혁명
교육혁명공동행동 연구위원회 지음 | 224쪽 | 값 12,000원

한국교육연구네트워크 번역 총서

01 프레이리와 교육
존 엘리아스 지음 | 한국교육연구네트워크 옮김
276쪽 | 값 14,000원

02 교육은 사회를 바꿀 수 있을까?
마이클 애플 지음 | 강희룡·김선우·박원순·이형빈 옮김
356쪽 | 값 16,000원

**03 비판적 페다고지는
세상을 변화시킬 수 있는가?**
Seewha Cho 지음 | 심성보·조시화 옮김 | 280쪽 | 값 14,000원

04 마이클 애플의 민주학교
마이클 애플·제임스 빈 엮음 | 강희룡 옮김 | 276쪽 | 값 14,000원

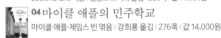

05 21세기 교육과 민주주의
넬 나딩스 지음 | 심성보 옮김 | 392쪽 | 값 18,000원

**06 세계교육개혁:
민영화 우선인가 공적 투자 강화인가?**
린다 달링-해먼드 외 지음 | 심성보 외 옮김 | 408쪽 | 값 21,000원

07 콩도르세, 공교육에 관한 다섯 논문
니콜라 드 콩도르세 지음 | 이주환 옮김 | 300쪽 | 값 16,000원

대한민국 교사, 어떻게 가르칠 것인가?
윤성관 지음 | 320쪽 | 값 15,000원

아이들을 어떻게 가르칠 것인가
사토 마나부 지음 | 박찬영 옮김 | 232쪽 | 값 13,000원

모두를 위한 국제이해교육
한국국제이해교육학회 지음 | 364쪽 | 값 16,000원

경쟁을 넘어 발달 교육으로
현광일 지음 | 288쪽 | 값 14,000원

독일 교육, 왜 강한가?
박성희 지음 | 324쪽 | 값 15,000원

핀란드 교육의 기적
한넬레 니에미 외 엮음 | 장수명 외 옮김 | 456쪽 | 값 23,000원

한국 교육의 현실과 전망
심성보 지음 | 724쪽 | 값 35,000원

비고츠키 선집 시리즈 발달과 협력의 교육학 어떻게 읽을 것인가?

 생각과 말
레프 세묘노비치 비고츠키 지음
배희철·김용호·D. 켈로그 옮김 | 690쪽 | 값 33,000원

 도구와 기호
비고츠키·루리야 지음 | 비고츠키 연구회 옮김
336쪽 | 값 16,000원

 어린이 자기행동숙달의 역사와 발달 I
L.S. 비고츠키 지음 | 비고츠키 연구회 옮김
564쪽 | 값 28,000원

 어린이 자기행동숙달의 역사와 발달 II
L.S. 비고츠키 지음 | 비고츠키 연구회 옮김
552쪽 | 값 28,000원

 어린이의 상상과 창조
L.S. 비고츠키 지음 | 비고츠키 연구회 옮김
280쪽 | 값 15,000원

 비고츠키와 인지 발달의 비밀
A.R. 루리야 지음 | 배희철 옮김 | 280쪽 | 값 15,000원

 수업과 수업 사이
비고츠키 연구회 지음 | 196쪽 | 값 12,000원

 비고츠키의 발달교육이란 무엇인가?
비고츠키교육학실천연구모임 지음 | 412쪽 | 값 21,000원

 **비고츠키 철학으로 본
핀란드 교육과정**
배희철 지음 | 456쪽 | 값 23,000원

 성장과 분화
L.S. 비고츠키 지음 | 비고츠키 연구회 옮김
308쪽 | 값 15,000원

 연령과 위기
L.S. 비고츠키 지음 | 비고츠키 연구회 옮김
336쪽 | 값 17,000원

 의식과 숙달
L.S 비고츠키 | 비고츠키 연구회 옮김
348쪽 | 값 17,000원

 분열과 사랑
L.S. 비고츠키 지음 | 비고츠키 연구회 옮김
260쪽 | 값 16,000원

 성애와 갈등
L.S. 비고츠키 지음 | 비고츠키 연구회 옮김
268쪽 | 값 17,000원

 관계의 교육학, 비고츠키
진보교육연구소 비고츠키교육학실천연구모임 지음
300쪽 | 값 15,000원

 비고츠키 생각과 말 쉽게 읽기
진보교육연구소 비고츠키교육학실천연구모임 지음
316쪽 | 값 15,000원

 교사와 부모를 위한 비고츠키 교육학
카르포프 지음 | 실천교사번역팀 옮김 | 308쪽 | 값 15,000원

살림터 참교육 문예 시리즈 영혼이 있는 삶을 가르치는 온 선생님을 만나다!

 꽃보다 귀한 우리 아이는
조재도 지음 | 244쪽 | 값 12,000원

 성깔 있는 나무들
최은숙 지음 | 244쪽 | 값 12,000원

 아이들에게 세상을 배웠네
명혜정 지음 | 240쪽 | 값 12,000원

 밥상에서 세상으로
김흥숙 지음 | 280쪽 | 값 13,000원

 우물쭈물하다 끝난 교사 이야기
유기창 지음 | 380쪽 | 값 17,000원

 선생님이 먼저 때렸는데요
강병철 지음 | 248쪽 | 값 12,000원

 서울 여자, 시골 선생님 되다
조경선 지음 | 252쪽 | 값 12,000원

 행복한 창의 교육
최창의 지음 | 328쪽 | 값 15,000원

 북유럽 교육 기행
정애경 외 14인 지음 | 288쪽 | 값 14,000원

4·16, 질문이 있는 교실 마주이야기 통합수업으로 혁신교육과정을 재구성하다!

통하는 공부
김태호·김형우·이경석·심우근·허진만 지음
324쪽 | 값 15,000원

내일 수업 어떻게 하지?
아이함께 지음 | 300쪽 | 값 15,000원
2015 세종도서 교양부문

인간 회복의 교육
성래운 지음 | 260쪽 | 값 13,000원

교과서 너머 교육과정 마주하기
이윤미 외 지음 | 368쪽 | 값 17,000원

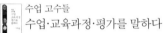
수업 고수들
수업·교육과정·평가를 말하다
박현숙 외 지음 | 368쪽 | 값 17,000원

도덕 수업, 책으로 묻고 윤리로 답하다
울산도덕교사모임 지음 | 320쪽 | 값 15,000원

체육 교사, 수업을 말하다
전용진 지음 | 304쪽 | 값 15,000원

교실을 위한 프레이리
아이러 쇼어 엮음 | 사람대사람 옮김 | 412쪽 | 값 18,000원

마을교육공동체란 무엇인가?
서용선 외 지음 | 360쪽 | 값 17,000원

교사, 학교를 바꾸다
정진화 지음 | 372쪽 | 값 17,000원

함께 배움
학생 주도 배움 중심 수업 이렇게 한다
니시카와 준 지음 | 백경석 옮김 | 280쪽 | 값 15,000원

공교육은 왜?
홍섭근 지음 | 352쪽 | 값 16,000원

자기혁신과 공동의 성장을 위한
교사들의 필리버스터
윤양수·원종희·장군·조경삼 지음 | 280쪽 | 값 14,000원

함께 배움 이렇게 시작한다
니시카와 준 지음 | 백경석 옮김 | 196쪽 | 값 12,000원

함께 배움 교사의 말하기
니시카와 준 지음 | 백경석 옮김 | 188쪽 | 값 12,000원

교육과정 통합, 어떻게 할 것인가?
성열관 외 지음 | 192쪽 | 값 13,000원

미래교육의 열쇠, 창의적 문화교육
심광현·노명우·강정석 지음 | 368쪽 | 값 16,000원

주제통합수업, 아이들을 수업의 주인공으로!
이윤미 외 지음 | 392쪽 | 값 17,000원

수업과 교육의 지평을 확장하는 수업 비평
윤양수 지음 | 316쪽 | 값 15,000원
2014 문화체육관광부 우수교양도서

교사, 선생이 되다
김태은 외 지음 | 260쪽 | 값 13,000원

교사의 전문성, 어떻게 만들어지나
국제교원노조연맹 보고서 | 김석규 옮김 392쪽 | 값 17,000원

수업의 정치
윤양수·원종희·장군 지음 | 280쪽 | 값 14,000원

학교협동조합,
현장체험학습과 마을교육공동체를 잇다
주수원 외 지음 | 296쪽 | 값 15,000원

거꾸로 교실,
잠자는 아이들을 깨우는 수업의 비밀
이민경 지음 | 280쪽 | 값 14,000원

교사는 무엇으로 사는가
정은균 지음 | 292쪽 | 값 15,000원

마음의 힘을 기르는 감성수업
조선미 외 지음 | 300쪽 | 값 15,000원

작은 학교 아이들
지경준 엮음 | 376쪽 | 값 17,000원

아이들의 배움은 어떻게 깊어지는가
이시이 준지 지음 | 방지현·이창희 옮김 | 200쪽 | 값 11,000원

대한민국 입시혁명
참교육연구소 입시연구팀 지음 | 220쪽 | 값 12,000원

교사를 세우는 교육과정
박승열 지음 | 312쪽 | 값 15,000원

전국 17명 교육감들과 나눈 교육 대담
최창의 대담·기록 | 272쪽 | 값 15,000원

들뢰즈와 가타리를 통해 유아교육 읽기
리세롯 마리엣 올슨 지음 | 이연선 외 옮김 | 328쪽 | 값 17,000원

학교 혁신의 길, 아이들에게 묻다
남궁상운 외 지음 I 272쪽 I 값 15,000원

 프레이리의 사상과 실천
사람대사람 지음 I 352쪽 I 값 18,000원
2018 세종도서 학술부문

 혁신학교, 한국 교육의 미래를 열다
송순재 외 지음 I 608쪽 I 값 30,000원

 페다고지를 위하여
프레네의 『페다고지 불변요소』 읽기
박찬영 지음 I 296쪽 I 값 15,000원

 노자와 탈현대 문명
홍승표 지음 I 284쪽 I 값 15,000원

 선생님, 민주시민교육이 뭐예요?
염경미 지음 I 244쪽 I 값 15,000원

 어쩌다 혁신학교
유우석 외 지음 I 380쪽 I 값 17,000원

 미래, 교육을 묻다
정광필 지음 I 232쪽 I 값 15,000원

 대학, 협동조합으로 교육하라
박주희 외 지음 I 252쪽 I 값 15,000원

 입시, 어떻게 바꿀 것인가?
노기원 지음 I 306쪽 I 값 15,000원

 촛불시대, 혁신교육을 말하다
이용관 지음 I 240쪽 I 값 15,000원

 라운드 스터디
이시이 데루마사 외 엮음 I 224쪽 I 값 15,000원

 미래교육을 디자인하는 학교교육과정
박승열 외 지음 I 348쪽 I 값 18,000원

 흥미진진한 아일랜드 전환학년 이야기
제리 제퍼스 지음 I 최상덕·김호원 옮김 I 508쪽 I 값 27,000원

 폭력 교실에 맞서는 용기
따돌림사회연구모임 학급운영팀 지음 I 272쪽 I 값 15,000원

 그래도 혁신학교
박은혜 외 지음 I 248쪽 I 값 15,000원

 학교는 어떤 공동체인가?
성열관 외 지음 I 228쪽 I 값 15,000원

 학교 민주주의의 불한당들
정은균 지음 I 276쪽 I 값 14,000원

 교육과정, 수업, 평가의 일체화
리사 카터 지음 I 박승열 외 옮김 I 196쪽 I 값 13,000원

 학교를 개선하는 교장
지속가능한 학교 혁신을 위한 실천 전략
마이클 풀란 지음 I 서동연·정효준 옮김 I 216쪽 I 값 13,000원

 공자뎐, 논어는 이것이다
유문상 지음 I 392쪽 I 값 18,000원

 교사와 부모를 위한
발달교육이란 무엇인가?
현광일 지음 I 380쪽 I 값 18,000원

 교사, 이오덕에게 길을 묻다
이무완 지음 I 328쪽 I 값 15,000원

 낙오자 없는 스웨덴 교육
레이프 스트란드베리 지음 I 변광수 옮김 I 208쪽 I 값 13,000원

 끝나지 않은 마지막 수업
장석웅 지음 I 328쪽 I 값 20,000원

 경기꿈의학교
진흥섭 외 지음 I 360쪽 I 값 17,000원

 학교를 말한다
이성우 지음 I 292쪽 I 값 15,000원

 행복도시 세종, 혁신교육으로 디자인하다
곽순일 외 지음 I 392쪽 I 값 18,000원

 나는 거꾸로 교실 거꾸로 교사
류광모·임정훈 지음 I 212쪽 I 값 13,000원

 교실 속으로 간 이해중심 교육과정
온정덕 외 지음 I 224쪽 I 값 13,000원

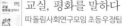 교실, 평화를 말하다
따돌림사회연구모임 초등우정팀 지음 I 268쪽 I 값 15,000원

 학교자율운영 2.0
김용 지음 I 240쪽 I 값 15,000원

 학교자치를 부탁해
유우석 외 지음 I 252쪽 I 값 15,000원

 국제이해교육 페다고지
강순원 외 지음 I 256쪽 I 값 15,000원

교사 전쟁
다나 골드스타인 지음 | 유성상 외 옮김 | 468쪽 | 값 23,000원

미래교육, 어떻게 만들어갈 것인가?
송기상·김성천 지음 | 300쪽 | 값 16,000원

인공지능 시대의 사회학적 상상력
홍승표 지음 | 260쪽 | 값 15,000원

선생님, 페미니즘이 뭐예요?
염경미 지음 | 280쪽 | 값 15,000원

교과서 밖에서 만나는 역사 교실 상식이 통하는 살아 있는 역사를 만나다

전봉준과 동학농민혁명
조광환 지음 | 336쪽 | 값 15,000원

교과서 밖에서 배우는 역사 공부
정은교 지음 | 292쪽 | 값 14,000원

남도의 기억을 걷다
노성태 지음 | 344쪽 | 값 14,000원

팔만대장경도 모르면 빨래판이다
전병철 지음 | 360쪽 | 값 16,000원

응답하라 한국사 1·2
김은석 지음 | 356쪽·368쪽 | 각권 값 15,000원

빨래판도 잘 보면 팔만대장경이다
전병철 지음 | 360쪽 | 값 16,000원

즐거운 국사수업 32강
김남선 지음 | 280쪽 | 값 11,000원

영화는 역사다
강성률 지음 | 288쪽 | 값 13,000원

즐거운 세계사 수업
김은석 지음 | 328쪽 | 값 13,000원

친일 영화의 해부학
강성률 지음 | 264쪽 | 값 15,000원

강화도의 기억을 걷다
최보길 지음 | 276쪽 | 값 14,000원

한국 고대사의 비밀
김은석 지음 | 304쪽 | 값 13,000원

광주의 기억을 걷다
노성태 지음 | 348쪽 | 값 15,000원

조선족 근현대 교육사
정미량 지음 | 320쪽 | 값 15,000원

선생님도 궁금해하는 한국사의 비밀 20가지
김은석 지음 | 312쪽 | 값 15,000원

다시 읽는 조선근대 교육의 사상과 운동
윤건차 지음 | 이명실·심성보 옮김 | 516쪽 | 값 25,000원

걸림돌
키르스텐 세룹-빌펠트 지음 | 문봉애 옮김
248쪽 | 값 13,000원

음악과 함께 떠나는 세계의 혁명 이야기
조광환 지음 | 292쪽 | 값 15,000원

역사수업을 부탁해
열 사람의 한 걸음 지음 | 388쪽 | 값 18,000원

논쟁으로 보는 일본 근대 교육의 역사
이명실 지음 | 324쪽 | 값 17,000원

진실과 거짓, 인물 한국사
하성환 지음 | 400쪽 | 값 18,000원

다시, 독립의 기억을 걷다
노성태 지음 | 320쪽 | 값 16,000원

우리 역사에서 사라진 근현대 인물 한국사
하성환 지음 | 296쪽 | 값 18,000원

한국사 리뷰
긴은석 지음 | 244쪽 | 값 15,000원

꼬물꼬물 거꾸로 역사수업
역모자들 지음 | 436쪽 | 값 23,000원

더불어 사는 정의로운 세상을 여는 인문사회과학 사람의 존엄과 평등의 가치를 배운다

밥상혁명
강양구·강이현 지음 | 298쪽 | 값 13,800원

도덕 교과서 무엇이 문제인가?
김대용 지음 | 272쪽 | 값 14,000원

자율주의와 진보교육
조엘 스프링 지음 | 심성보 옮김 | 320쪽 | 값 15,000원

민주화 이후의 공동체 교육
심성보 지음 | 392쪽 | 값 15,000원
2009 문화체육관광부 우수학술도서

갈등을 넘어 협력 사회로
이창언·오수길·유문종·신윤관 지음 | 280쪽 | 값 15,000원

동양사상과 마음교육
정재걸 외 지음 | 356쪽 | 값 16,000원
2015 세종도서 학술부문

교과서 밖에서 배우는 철학 공부
정은교 지음 | 280쪽 | 값 14,000원

교과서 밖에서 배우는 사회 공부
정은교 지음 | 304쪽 | 값 15,000원

교과서 밖에서 배우는 윤리 공부
정은교 지음 | 292쪽 | 값 15,000원

한글 혁명
김슬옹 지음 | 388쪽 | 값 18,000원

우리 안의 미래교육
정재걸 지음 | 484쪽 | 값 25,000원

비판적 실천을 위한 교육학
이윤미 외 지음 | 448쪽 | 값 23,000원

좌우지간 인권이다
안경환 지음 | 288쪽 | 값 13,000원

민주시민교육
심성보 지음 | 544쪽 | 값 25,000원

민주시민을 위한 도덕교육
심성보 지음 | 500쪽 | 값 25,000원
2015 세종도서 학술부문

교과서 밖에서 배우는 인문학 공부
정은교 지음 | 280쪽 | 값 13,000원

오래된 미래교육
정재걸 지음 | 392쪽 | 값 18,000원

대한민국 의료혁명
전국보건의료산업노동조합 엮음 | 548쪽 | 값 25,000원

교과서 밖에서 배우는 고전 공부
정은교 지음 | 288쪽 | 값 14,000원

전체 안의 전체 사고 속의 사고
김우창의 인문학을 읽다
현광일 지음 | 320쪽 | 값 15,000원

카스트로, 종교를 말하다
피델 카스트로·프레이 베토 대담 | 조세종 옮김
420쪽 | 값 21,000원

일제강점기 한국철학
이태우 지음 | 448쪽 | 값 25,000원

한국 교육 제4의 길을 찾다
이길상 지음 | 400쪽 | 값 21,000원

왜 그는 한국으로 돌아왔는가?
황선준 지음 | 364쪽 | 값 17,000원

남북이 하나 되는 두물머리 평화교육 분단 극복을 위한 치열한 배움과 실천을 만나다

10년 후 통일
정동영·지승호 지음 | 328쪽 | 값 15,000원

분단시대의 통일교육
성래운 지음 | 428쪽 | 값 18,000원

한반도 평화교육 어떻게 할 것인가
이기범 외 지음 | 252쪽 | 값 15,000원

선생님, 통일이 뭐예요?
정경호 지음 | 252쪽 | 값 13,000원

김창환 교수의 DMZ 지리 이야기
김창환 지음 | 264쪽 | 값 15,000원

참된 삶과 교육에 관한
생각 줍기